AF454285

अदृश्य अध्याय

एक नए जीवन का

श्यामंकर सिंघरी

अदृश्य अध्याय

© Shyamankar Singhari

Publisher: **WKRISHIND.in**
ISBN: 978-81-968185-6-2

All rights reserved
इस पुस्तक का कोई भी भाग किसी भी रूप में या किसी भी तरह से, इलेक्ट्रॉनिक या मैकेनिकल, फ़ोटोकॉपी, रिकॉर्डिंग या किसी भी जानकारी भंडारण पुनर्प्राप्ति प्रणाली द्वारा लिखित रूप से उपयोग नहीं किया जा सकता है, बिना लेखक/प्रकाशक से अग्रिम में लिखित अनुमति के।

श्यामंकर सिंघरी

पिछले संस्करणों के लिए

इस किताब में चित्रित सभी घटनाएँ पहले प्रकाशित हुई सभी संस्करणों का शुद्ध रूप हैं। पहले प्रकाशित सभी संस्करण, जो अलग-अलग शीर्षकों से और लेखक के मूल/काल्पनिक नाम से प्रकाशित हुई थीं, इस संस्करण के प्रारूप थे। पहले प्रकाशित हुए किसी भी संस्करण या इस संस्करण का लेखक के या फिर किसी अन्य के व्यक्तिगत जीवन से कोई सम्बन्ध नहीं हैं। और अगर किसी के व्यक्तिगत जीवन की कहानी इस रचना में चित्रित किसी भी घटना से मिलती-जुलती है तो वह सिर्फ़ एक संयोग है। पिछले सभी संस्करण सिर्फ़ परीक्षण के उद्देश्य से प्रकाशित किए गए थे।

-श्यामंकर सिंघरी

क्या लिखूँ?

स्कूल के समय में कुछ कहानियाँ पढ़ते समय मेरे भी दिमाग में यह बात आई कि मैं भी एक लेखक बनूँ। लेकिन अब समस्या थी तो यह की आखिरकार लिखूँ क्या? सबसे बड़ी बात, अपनी पढ़ाई के प्रति जुड़ाव ने मुझे कभी ऐसा करने नहीं दिया और दूसरी तरफ, मैं आलसी तो था ही। तभी तो मन में प्रबल इच्छा होते हुए भी मैं अपने लेखक बनने के सपने को आरम्भ ना कर सका। कई बार तो ऐसा भी हुआ कि मेरे दिमाग में कुछ बातें आईं लेकिन जब मैंने उन्हें अपनी डायरी में लिखने की कोशिश की तो वहाँ पर मुझे कोई सफलता नहीं मिल पाई और जब कभी हिम्मत करके कुछ लाइनें लिखा भी तो बाद में उन्हें फाड़ कर फेंक भी दिया। क्योंकि, पहली बार तो मैंने अपने दिमाग में सूझी बात को अपनी डायरी में उतार दिया, लेकिन फिर जब बाद में दोबारा मैंने अपनी उस लिखावट को पढ़ा तो मन में एक सवाल उठा- यह मैंने क्या लिखा है? कुल मिलाकर मेरे कहने का मतलब है- मुझे खुद पर उस समय भरोसा नहीं था। मुझे लगता था कि- यार! वे सब (पूर्व समय में प्रसिद्ध हुए लेखक) इतने बड़े लेखक हैं और मैं एक छोटे से कस्बे में रहने वाला एक छोटा सा इंसान हूँ और तो और उन सब ने अपनी बात को अपनी डायरी में तो उतार दिया लेकिन वह खुद उसका आनंद नहीं ले पाए। मुझे लगा, कहीं मेरा

हाल भी ऐसा ही न हो। इसलिए, ऐसी ही ढेर सारी फालतू के नकारात्मक सोच की वजह से मैंने अपने अन्दर की कला को छिपाए रखा। इसमें कुछ मेरे अन्दर छिपे हुए डर का भी हाथ था।

मुझे लगता था कि अगर मैं यह सब करने लगूंगा तो मेरा दिमाग पढ़ाई में नहीं लगेगा और उसकी वजह से मेरे मम्मी-पापा बहुत परेशान हो जाएँगे। मैं नहीं चाहता था कि मेरी वजह से मेरे मम्मी-पापा को दुःखी होना पड़े। क्योंकि वह लोग हमेशा मेरी तारीफ अपने सगे सम्बन्धियों के साथ करते रहते थे। वह कहते कि मेरा बेटा एक अच्छा छात्र है। वह हमेशा अपनी परीक्षा में अच्छे नंबर लाता है। अब मेरे प्रति उनके इस तरह के प्यार की वजह से मैं चाहकर भी कुछ अलग नहीं कर सकता था। क्योंकि, जब मेरी पढ़ाई थोड़ी सी भी डगमगाती थी तो उन्हें बहुत दुःख होता था। जब मेरा रिपोर्ट कार्ड वे लोग देखते थे तो उन सब के चेहरे पर ख़ुशियों की लहर दौड़ पड़ती थी। ऐसा नहीं था कि मैंने पापा से कभी इसके बारे में चर्चा ना किया हो।

एक बार! मैं पापा जी के पास में बैठा हुआ था। पापा जी मुझे मेरी पढ़ाई से सम्बन्धित कुछ ज्ञान की बातें समझा रहे थे। वह मुझे कुछ पुराने लेखक और उनकी रचनाओं के बारे में बता रहे थे। तब उसी समय मैंने पापा जी से पूछा था कि क्या मैं भी एक लेखक बन सकता हूँ? तब उन्होंने मेरे से कहा था- 'हाँ, बेशक बन सकते हो, लेकिन अभी तुम्हारी उम्र अपनी पढ़ाई पूरी करने की है। अभी तुम्हें पूरी तरह से अपनी पढ़ाई पर ध्यान देना चाहिए।' और मुझे लगता है कि वह अपनी जगह पर सही भी थे।

इसके पहले जब मैं पाँचवीं कक्षा में था, तब मैं स्कूल में कुछ गाने वगैरह भी गा लेता था। जिसकी वजह से मेरा दिमाग हमेशा गाने पर ही लगा रहता था। उस समय की मेरी पढ़ाई बहुत ही घटिया थी। ...अरे! गवैया जो ठहरा था। मुझे यह तक पता नहीं रहता था कि मेरी कक्षा में

स्थान क्या है? हाँ! अगर अंतिम से देखा जाता तो सबसे नीचे से शीर्ष पाँच स्थान में मेरा नाम ज़रूर आ जाता था। इसकी वजह से मेरे मम्मी-पापा भी दुःखी हो जाते थे। वह मेरे से कुछ कहते तो नहीं थे, लेकिन जो भी हो अगर आप नाखुश हैं तो थोड़ी सी झलक चेहरे पर तो आ ही जाती है। इसीलिए, पाँचवीं के बाद मैंने गाना-गूना सब छोड़कर अपना पूरा मन पढ़ाई में लगा दिया।

पढ़ाई तो मैं बे-मन से ही करता था। क्योंकि इसकी वजह से मुझे मेरे मम्मी-पापा के चेहरे पर थोड़ी सी ख़ुशी दिख जाती थी और उनके खुश रहने की वजह से मैं भी थोडा सा खुश हो जाता था। अब अगर मेरी छोटी सी कुर्बानी की वजह से उन्हें ख़ुशी मिलती थी तो फिर मैं उन्हें क्यों निराश करता। वैसे भी, इसमें कोई नुकसान तो था नहीं। इसमें भी मेरा ही तो फायदा था।

उस समय तो मैंने अपने सपने को अपने अन्दर ही दफन कर दिया। लेकिन ऐसा मैं ज्यादा समय तक नहीं कर पाया और अंततः मैंने ग्रेजुएशन के अंत तक एक किताब लिखने का मन बना ही लिया। क्योंकि, इसके बाद मेरे पास कोई चारा भी नहीं था। अब ग्रेजुएशन के बाद या तो मैं घर पर खाली बैठता या फिर किसी सरकारी नौकरी की तलाश में लग जाता, जो मैं करना नहीं चाहता था।

अब मुझे ग्रेजुएशन के बाद, कुछ कर दिखाने का रास्ता तो मिल गया। लेकिन अब बात थी की, आखिरकार लिखूं क्या? मेरा मतलब पाठक के पसंद या ना पसंद से है। मैंने सबसे पहले पौराणिक घटनाओं पर आधारित एक कहानी लिखना शुरु किया। यह कहानी एक सज्जन जो मेरी ही कक्षा में पढ़ते थे, ने लिखने के लिए कहा था। उन्होंने कहानी तो नहीं बताया था। उनका कहना था कि मैं उनके लिए एक ऐसी कहानी लिखूं जो पौराणिक घटनाओं पर आधारित हो। क्योंकि वह एक छोटी

सी ऐनिमेशन फिल्म बनाना चाहते थे। उन्होंने इसके लिए कई बार मेरे से कहा था। लेकिन, मैं आलस्य-आलस्य में ऐसा नहीं कर पा रहा था।

एक दिन उन्होंने मजाक ही मजाक में कई छात्रों के सामने उसी बात को दुहराया। तब जाकर मेरा पत्थर दिल पिघला और मैंने उनके लिए एक कहानी की शुरुआत की।

पौराणिक घटनाओं पर आधारित कहानी लिखने के चक्कर में, उन पर आधारित ना सही, मैंने एक अलग तरह की डरावनी कहानी की शुरुआत ज़रूर कर दिया। मैंने उनके पास एक दो पेज की कहानी लिखकर भेजा। कहानी को पढ़ने के बाद उन्होंने कहा कि कहानी तो अच्छी है, लेकिन अभी और आगे लिखो। इस कहानी को मैंने लगभग दस पेज तक आगे बढ़ाया। लेकिन फिर बाद में, मैंने इस कहानी को वहीं पर विराम दे दिया। क्योंकि, इसमें बहुत समय लग रहा था। इसलिए, मैंने अब एक पारिवारिक कथा लिखने का मन बनाया और आज वह आपके सामने है।

हो सकता हो किसी पाठक के आँखों में घूरती हुई यह किताब उस पाठक को इस किताब के पन्नों में लिखे अक्षरों से अवगत कर रही हो या फिर किसी पाठक के घर के कोने में पड़ी मेज़ पर पड़े-पड़े धूल-धूसरित हो रही हो।

आपने अपने जीवन का कीमती समय निकालकर मेरी इस रचना के लिए दिया, मुझे यह जानकर बेहद ख़ुशी हुई। आपका मेरी लिखावट के प्रति यह प्यार, मुझे आपके लिए दूसरी रचना तैयार करने में मदद करेगा।

आपका जीवन मंगलमय हो!

- श्यामंकर सिंघरी

समर्पित

मैं अपने माता-पिता को धन्यवाद करता हूँ जिन्होंने मुझे मेरे इस काम के लिए प्रोत्साहित किया।

मैं उन सभी लोगों का भी धन्यवाद करता हूँ जिन्होंने जाने-अनजाने में आलोचनाओं के ज़रिए आगे बढ़ने में मेरी मदद की।

-श्यामंकर सिंघरी

कामचोर

इन दिनों, 'तर्हन' गाँव में एक अलग ही तरह की कहानी का उदय हो रहा। अत्सर अपनी माँ, बापू और भाई के साथ कुल पंद्रह सदस्यों से भरे एक बड़े से परिवार में रह रहा।

'तर्हन' एक बहुत ही खूबसूरत गाँव है। अत्सर का घर गाँव के मध्य में स्थित है। उसके घर के आस-पास ढेर सारे पेड़ लगे हुए हैं। इनमें से कुछ खाने योग्य, फल वाले पेड़ हैं, तो कुछ ऐसे ही राह चलते राहगीरों के लिए छाया प्रदान करने वाले हैं। यही वजह है कि अत्सर के घर के द्वार पर हमेशा दो-चार लोगों का उठना-बैठना लगा रहता है। घर के द्वार पर एक बड़ा सा आम का पेड़ है। इसीलिए, आम के समय में लोगों की संख्या और भी ज़्यादा बढ़ जाती है।

अत्सर अब ज्यादा दिन तक गाँव में नहीं रहने वाला था। उसके पापा अब एक सरकारी कर्मचारी बन गए थे। उन्हें पर्यावरण विभाग में नौकरी मिल गई थी।

अत्सर तीसरी कक्षा में पढ़ने वाला एक प्राइमरी स्कूल का छात्र है। अब वह समय आ गया था जब उसे अपने दोस्तों को छोड़कर जाना था, जिनके साथ वह अपने घर के पीछे लगे पेड़ों की छाँव में दिन भर खेलने में लगा रहता था। ना तो खाने की फ़िकर रहती थी और ना ही समय का ध्यान। अगर उसकी माँ दिन ढलने पर उसे बुलाने ना जाती तो शायद वह घर भी ना आए। खाना-खाने के लिए भी उसकी माँ उसे जबरन घर ले आती। उसके दोस्त भी ऐसे ही हैं। उन्हें भी उनके घर से कोई ना कोई लेने के लिए आ जाता।

स्कूल से छूटते ही अत्सर पहले घर पहुँचता और फिर जल्दी-जल्दी अपना होमवर्क करने में लग जाता। होमवर्क करते समय ही उसकी माँ उसके लिए खाना ले आकर दे देती, क्योंकि उन्हें डर रहता था की कहीं वह बिना कुछ खाये ही ना चला जाए और वह डरें भी क्यों ना ...अरे अत्सर ने ऐसा किया भी तो था, कई बार...।

अब, उसकी माँ भी क्या करे, उन्हें भी तो घर का सारा काम अकेले ही करना पड़ता था। उसकी चाची तो हमेशा बीमार ही रहती थी। उन्हें हमेशा कुछ ना कुछ हुआ ही रहता था। अत्सर की बड़ी मम्मी की तो पहले से ही कमर लचकी हुई थी।

दोनो (अत्सर की चाची और बड़ी मम्मी) काम के वक्त बीमारियों से घिर जाती थी। इसलिए, अत्सर की मम्मी को ही सारा काम करना पड़ता था। गाय और भेसों को चारा-पानी देने से लेकर घर के सारे सदस्यों के लिए खाना तैयार करने तक का सारा काम अत्सर की मम्मी ही करती थी। सुबह से लेकर शाम तक वह काम में ही व्यस्त रहती थी। केवल रात में उन्हें थोडा सा आराम मिलता था। सुबह होते ही वह फिर अपने काम में लग जाती। चलो कम से कम अब अत्सर के पापा को नौकरी मिलने के बाद, उन्हें थोडा सा आराम तो मिलेगा।

अत्सर के पापा को नौकरी मिल गई, इस बात से सबसे ज्यादा समस्या अत्सर की चाची जी को थी। क्योंकि अभी तक तो वह बहाने बनाकर लेट जाया करती थी। लेकिन अब उसकी सारी हेकड़ी निकलने का समय आ गया था। जैसे ही उसने अत्सर के पापा की नौकरी लगने की खबर सुनी, उसके पैरों तले जैसे ज़मीन खिसक गई हो। समस्या तो अत्सर की बड़ी मम्मी को भी थी, लेकिन करती भी क्या?

दोनो की दोनो **कामचोर** थी। अरे! दोनों बड़े घर की बेटी जो ठहरी। उसकी दादी जी तो चार साल पहले ही चल बसी थी। उनके गुजरने के छ: महीने पहले ही अत्सर के चाचा जी की शादी हुई थी और एक कामचोर औरत ने घर में प्रवेश लिया था।

चार साल बीत गए, अत्सर की दादी के निपटे हुए और अब तक अत्सर की चाची के दो उत्पाद भी आ गए चुके थे। उनका ख्याल भी कभी-कभी अत्सर की मम्मी को ही रखना पड़ता था। अरे! इतना ही नही, उन्हें अत्सर की बड़ी मम्मी के बच्चों का भी ख़्याल रखना पड़ता था।

अत्सर अपने मम्मी-पापा के साथ दूसरी जगह जाने के लिए बहुत उत्साहित था। क्योंकि, वह भी कभी गाँव के कुछ बच्चों की तरह, अपने गाँव से काफी दूर स्थित, अंग्रेजी माध्यम के स्कूल में पढ़ना चाहता था। लेकिन गाँव से काफी दूर होने के कारण, उसके दादा जी ने उसका दाखिला गाँव के ही स्कूल में करवा दिया था।

गाँव के स्कूल में, जब कभी भी बारिश होती, अत्सर और उसके सारे दोस्त बारिश में खूब मस्ती करते और कुछ गीत गाते...

बारिश रिमझिम-रिमझिम आई है, सुहाना मौसम लाई है।
गोल गुब्बारे उठ रहे हैं, पत्ते गुदगुदी कर रहे हैं।।

पतंगे डर कर भागे हैं, कितने यह सब अभागे हैं।
धरा पर खूशबू फैल रही है, सखियाँ सब मिल खेल रही हैं।।

लल्लू जी की दुकान खुली है, कल्लू-मल्लू सब बैठे हैं।
कहीं बादल ना फट जाए, नल्लू-मटल्लू ना छँट जाएँ।।

डर के मारे सब कड़के हैं, दादा जी भी अब भड़के हैं।
अब धुँध कहीं न छाई है, रिमझिम बारिश आई है।।

गाँव के स्कूल में भी अच्छी पढ़ाई होती थी, लेकिन अत्सर को तो अंग्रेजी स्कूल में ही पढ़ना था। इसीलिए, उसे भी अपना सुन्दर सा गाँव छोड़ने में कोई परेशानी ना हुई।

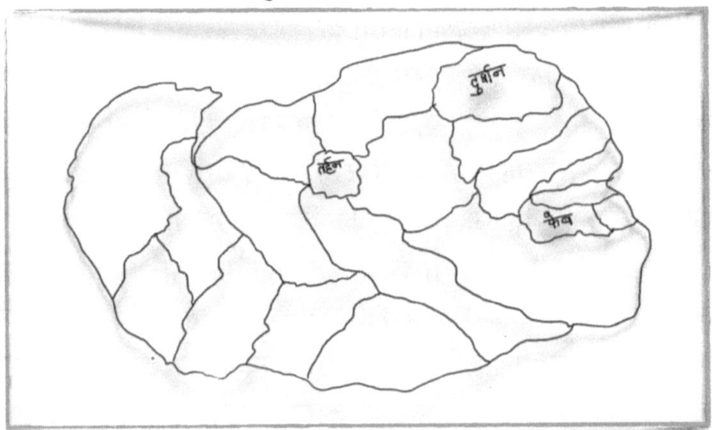

वह ख़ुशी-ख़ुशी अपने मम्मी-पापा के साथ, गाँव से लगभग ८० किलोमीटर दूर स्थित "फेब" टाउन में रहने चला आया। फेब टाउन से दुर्शन के बीच की दूरी लगभग ६० किलोमीटर (दुर्शन से तहन के बीच की दूरी के लगभग बराबर) है। यूँ मान लो की तीनों स्थानों की सम्मिलित संरचना त्रिकोणीय है।

सुअवसर

दरअसल, यह कहानी एक ऐसे लड़के की है, जो एक छोटे से कस्बे (फेब टाउन) में अपने मम्मी-पापा के साथ रह रहा था। वह अपने घर से थोड़ी दूर स्थित, एक स्कूल में पढ़ाई कर रहा था। उसी की क्लास में एक और लड़का था, जो उसका सबसे अच्छा मित्र था। दोनों स्कूल में हमेशा एक साथ रहते थे। दोनों अच्छे दोस्त थे। दसवीं कक्षा के बाद, दोनों अपने होम टाउन (फेब) को छोड़ कर शहर में (दुर्शन) इंजीनियरिंग एंट्रन्स एग्जाम की तैयारी के लिए पहुँचे। अब भले ही वे होम टाउन में रहे थे, लेकिन थे तो गाँव से ही जुड़े हुए। दोनों अपने देशी स्टाइल में ही रहते थे।

मैं (लेखक), अत्सर से मनाली से वापस आते समय एक ट्रेन में मिला था। हम दोनों ही मुंबा विश्वविध्यालय के छात्र रह चुके हैं और हमारे लिए एक अच्छी खबर थी की हम दोनों ही दुर्शन ज़िले के थे। हम लोग मनाली ट्रिप पर गए हुए थे। मेरे साथ मेरे कुछ कालेज के दोस्त भी थे। अत्सर भी अपने एक स्कूल दोस्त के साथ आया था। उसका दोस्त

(तर्पण) मुंबा टेक्निकल यूनिवर्सिटी का छात्र था। हम दोनों (लेखक और अत्सर) का ग्रेजुएशन तो क्लियर हो गया था, क्योंकि हम लोग बी.एस.सी. के छात्र थे और तर्पण इंजीनियरिंग का छात्र था। इसलिए, उसे (तर्पण को) एक साल के लिए अभी और कालेज में रहना था।

वापस आते समय ट्रेन में तर्पण ने मुझसे मेरे फ्यूचर प्लानिंग के बारे में पूछा। फ्यूचर प्लानिंग से मतलब की मैं अब ग्रेजुएशन के बाद क्या करना चाहता था? इस प्रश्न का मेरे पास कोई जवाब नहीं था। मैंने अपने फ्यूचर के बारे में कुछ नहीं सोचा था। यह तो आप मेरी किस्मत ही मान लो जो मुझे मुंबा विश्वविद्यालय में ले आई। अन्यथा, मैं तो अपने होम सिटी में ही रहने वाला एक निष्क्रिय छात्र था। जब उसने मेरे फ्यूचर के बारे में जानना चाहा, तब मेरा जवाब था- "मैं एक लेखक बनना चाहता हूँ"। जैसा की मैंने पहले ही अपने बारे में बताया की मैंने अपने फ्यूचर के बारे में कुछ नहीं सोचा था और यह मेरे मुँह से अचानक निकली हुई बात थी। लेकिन गलती से ही सही, कम से कम मैंने अपने फ्यूचर के बारे में कुछ बोला तो सही...।

इसके बाद, मैंने भी उन दोनों से वही प्रश्न किया। तर्पण ने कहा की वह एक अच्छा इंजीनियर बनना चाहता है। वहीं अत्सर ने कहा की उसे एक बड़ा व्यापारी बनना है।

हमारे बीच बातों का सिलसिला दुर्शन रेलवे स्टेशन तक चलता रहा। कभी फ्यूचर प्लानिंग को लेकर बातें होती तो कभी राजनीति को लेकर। बीच-बीच में हम लोग अपनी पुरानी बातों को लेकर आपस में एक दूसरे का मजाक भी उड़ा लिया करते थे।

एक महीने बाद ही फिर से हमारी मुलाकात हुई। मैं अपने एक स्कूल दोस्त के साथ दुर्शन के "परिवार" मॉल में गया था। वैसे भी छठे सेमेस्टर का एग्जाम होने के बाद, मेरे पास अब कोई काम नहीं था। इसलिए, मैं अब अपना खाली समय ऐसे ही घूम-टहल कर व्यतीत कर रहा था। तब

उस समय तर्पण ने मेरे से पूछा की मैंने अपने लेखक बनने के सपने को पूरा करने के लिए कुछ लिखा है की नहीं? तब मैंने उससे कहा था- "अभी नहीं... अभी कोई अच्छी सी कहानी नहीं मिली है।

मैं करता भी क्या, मुझे भी तो अपनी बात को सही साबित करना था। तब तर्पण ने कहा था की चलो कोई नहीं तुम परेशान ना हो, तुम्हारे लिए मेरे पास एक अच्छी सी कहानी है। आज तो नहीं, लेकिन खाली समय में मैं तुम्हें खुद सम्पर्क करूँगा। उस समय उसने मेरा फ़ोन नंबर ले लिया था। लेकिन मैं भी कम नहीं था। मैंने भी उससे पीछा छुड़ाने के लिए उसे गलत नंबर बता दिया था। लेकिन मुझे क्या पता था की इसके दो महीने बाद ही हम फिर से मिलेंगे।

इस बार, मैं उससे दुर्शन के "चन्द्र शेखर आजाद पार्क" में मिला। मैं शाम को अपने कुछ दोस्तों के साथ घूमने के लिए गया हुआ था। वहीं पर एक बार फिर से हम दोनों का आमना-सामना हुआ। लेकिन इस बार तर्पण अकेला था। उसने मेरे से कहा की मैंने तुम्हें सम्पर्क करने की बहुत कोशिश किया। लेकिन हर बार तुम्हारा नंबर बंद आया।

अब मेरे पास कोई चारा नहीं था। इसलिए, मैंने उसे सारी बात बता दी कि मैंने उससे झूठ कहा था। दरअसल, मैंने अपने फ्यूचर के बारे में ऐसा कुछ नहीं सोचा था। तब तर्पण ने मुझसे कहा- मैं जनता हूँ, मैं तुम्हारी बात उसी समय समझ गया था की तुमने ऐसे ही बातों-बातों में लेखक बनने की बात बोल दिया था। क्योंकि तुमने ठहरी हुई आवाज़ में मेरे प्रश्न का जवाब दिया था। लेकिन तुम्हारे मुँह से निकली हुई बात सही भी हो सकती है, अगर तुम चाहो तो। मुझे ऐसा लगता है की तुम एक अच्छे लेखक बन सकते हो। मैंने उसी समय सोच लिया था की अब तो मैं तुम्हें लेखक बना कर ही रहूँगा और मैं हर रोज सोचता था की मैं तुमसे दोबारा मिल पाऊँ और देखो...! मेरी इच्छा पूरी भी हुई।

उस दिन तर्पण की सारी बात सुनने के बाद, मैं खुद एक पल के लिए अपने आप को लेखक समझ बैठा और जोश-जोश में मैंने उससे यह वादा किया की मैं अब जिंदगी में कुछ करूँ या ना करूँ, गलत ही सही, लेकिन एक किताब ज़रूर लिखूँगा और उस किताब में वही कहानी होगी, जो वह मुझे सुनाएगा।

उस दिन मैंने खुद तर्पण से उसके मुंबा वाले ठिकाने का पता लिया और मैंने ऐसा इसलिए किया क्योंकि, शायद अब तर्पण की मुझसे मुलाकात जल्दी ना होती। वह इस बार पाँच दिन के लिए ही दुर्शन आया था। हमारे मिलने के अगले दिन ही, उसे वापस "मुंबा" जाना था।

अगले दिन तर्पण मुंबा चला गया। अब मेरे पास दो महीने का समय था, उसके द्वारा दिए गए सुअवसर के बारे में सोचने के लिए। यह मेरे लिए थोडा मुश्किल ज़रूर था, लेकिन इतना भी मुश्किल नहीं था की मैं इसे पूरा ना कर सकता। अब तो मेरे मन में भी लेखक बनने के लड्डू फूटने लगे थे। वैसे भी तर्पण ने मुझे इतना ज्यादा चढ़ा दिया था की मेरा दिन में भी लेखक बनने के लिए सपने देखना लाजमी था।

तर्पण द्वारा दिए गए समय के अनुसार दो महीने कब बीत गए, कुछ पता ही नहीं चला। मैं सोच ही रहा था की उसे कब कॉल करूँ, उससे पहले उसने ही मेरे पास फोन-कॉल कर दिया। अब तो मेरे अन्दर और उत्साह आ गया की अब तो मुझे लेखक बनकर ही दिखाना है। मैंने सोचा था की मैं खुद मुंबा जाऊँगा और उससे पूरी कहानी सुनकर किताब पूरी करूँगा। लेकिन तर्पण ने मेरा काम आसान कर दिया। उसे सेमेस्टर ब्रेक के लिए पंद्रह दिन की छुट्टी मिली थी। इसलिए वह खुद दुर्शन आ रहा था। उसके आने की खबर सुनकर, मैं मन ही मन बहुत ख़ुश हुआ। वैसे भी अब मैं मुंबा फिर से जाना भी नहीं चाहता था क्योंकि जिस तरह से मैंने वहाँ अपनी लाइफ़ के तीन साल बोरिंग बनाए थे, उस हिसाब से मेरे अन्दर अब बिल्कुल हिम्मत नहीं थी की मैं फिर से मुंबा जा सकता।

दर्शन पहुँचते ही, दूसरे दिन तर्पण ने मुझे चंद्रशेखर आजाद पार्क में बुलाया। मैंने एक छोटी सी डायरी ली और अपने गन्तव्य स्थान पर पहुँच गया।

पार्क में पहुँच कर, हम दोनों ने एक दूसरे को गले लगाया। वैसे तो, मैंने हाथ मिलाने के लिए अपना हाथ बढ़ाया था, लेकिन तर्पण ने कहा की हाथ ना मिलाओ... गले लगो। उसने कहा की इससे दो इंसानों के बीच प्यार बढता है और इंसानियत कायम रहती है। इतना सुनते ही, मेरे दिमाग में एक खुराफात सूझा और मैंने उससे बोल ही दिया- ऐसा क्या?... यार! फिर तो आज से, मैं रास्ते में मिलने वाली हर लड़की को गले लगाऊंगा और बोलूँगा... 'चिंता ना करो प्रिये, इससे दो इंसानों के बीच इंसानियत बढ़ती है।' हहहा...(दोनों ठहाके लगाकर ज़ोर-ज़ोर से हँसने लगे)।

हम लोग एक पेड़ के नीचे लगे बेंच पर बैठ गए। तर्पण ने मुझसे एक बार फिर से पूछा की मैं सच में यह काम कर पाऊँगा की नहीं? उसने कहा- कहीं तुम मुझ पर उपकार करने की कोशिश तो नहीं कर रहे हो? मैंने उससे कहा- अरे! नहीं भाई... ऐसी कोई बात नहीं है। पहले मैंने तुमसे पीछा छुड़ाने के कई प्रयास किए थे। लेकिन, मैं अब खुद तुम्हारी इस कहानी को अपनी कलम से अपनी डायरी में उतारना चाहता हूँ। यह मेरे लिए एक सुनहरा अवसर है। अगर, मैं इस मौके को छोड़ता हूँ, तो मुझे जिन्दगी भर पछतावा होगा।

तर्पण ने कहा- चलो ठीक है, अब अगर ऐसी बात है, तो फिर तुम इस काम के लिए परफेक्ट हो। वैसे भी पूरे मन से किया गया काम ज़रूर सफल होता है।

नए स्कूल में दाख़िला

अत्सर अब चौथी कक्षा में जाने वाला था। उसके पापा ने उसे गाँव से लाकर, होम टाउन (फेब) में, पाँचवीं कक्षा तक की एक प्राइवेट स्कूल में उसका दाख़िला करवा दिया।

स्कूल का पहला दिन। उसने क्लास में जाकर अपना बैग मेज़ पर रख दिया और अपने नए स्कूल का मुआयना करने निकल पड़ा। ग्राउंड में जाकर वहाँ लगे एक पोल के सहारे खड़ा हो गया। काफी देर तक वह वहाँ पर खेल रहे छात्र की हरकतों को देखता रहा।

अचानक, उसे एक गोरी सी कन्या के दर्शन हुए। उसके निचले होंठ के नीचे दाईं तरफ़ एक तिल, उसकी ख़ूबसूरती को चार चाँद लगा रहा था। वह उसे काफी देर तक लगातार देखता रहा। तभी अचानक, उसे ऐसा लगा जैसे कि वह उसी की तरफ आ रही हो। फिर थोड़ी देर में, उसके कानों में एक सुहावनी सी आवाज आई...

क्या नाम है, तुम्हारा...?

अत्सर... तुम्हारा...?

अमृता...।

"तुम मुझे इतना घूर क्यों रहे हो (मुस्कुराते हुए)? मेरी मम्मी हर मंगलवार को मेरी नजर उतारती हैं, जिससे मुझे किसी की नजर ना लगे। तुम्हीं जैसों की वजह से उन्हें यह कष्ट उठाना पड़ता है..."-अमृता

"नजर है, पड़ जाती है ...। वैसे भी आकाश में कितने ढेर सारे तारे उपस्थित हैं, लेकिन फिर भी लोग बातें तो चाँद की ही करते हैं और चाँद को तो कितने लोग देखते हैं। उसे तो कभी किसी की नजर नहीं लगती..."-अत्सर

अमृता:- किस क्लास में हो?

अत्सर:- चौथी...।

अमृता:- मैं भी।

वह, उसके साइड में जाकर खड़ी हो गई। थोड़ी देर खड़े रहने के बाद, उसने उसकी तरफ देखा...।

अमृता:- यहाँ बहुत धूप है, क्लास में चलें?

अत्सर:- चलो...।

क्लास में पहुँचते ही अत्सर ने देखा, उसका बैग किसी ने उठाकर पीछे रख दिया था। दरअसल, वह कोई और नहीं अमृता ही थी। गलती उसकी नहीं, अत्सर की ही थी। उसने ही दो की सीट पर तीसरा बैग रख दिया था। जब उसने बताया यह उसने किया है, तब अत्सर शांत पूर्वक पीछे की सीट पर जाकर बैठ गया। अमृता भी अपनी जगह पर बैठ गई।

थोड़ी देर बाद, वह उठकर उसके पास आई और बोली- "तुम मेरे पास बैठना पसंद करोगे?"

(अत्सर ने उसकी सीट की तरफ देखते हुए कहा) लेकिन तुम्हारे पास तो पहले से ही कोई और बैठा हुआ है।

(अमृता ने मुसकुराते हुए कहा) हाँ! यह भी है...।

(अत्सर ने रुकते हुए पूछा) तुम्हीं मेरे पास क्यों नहीं आ जाती...?
(जल्दी से) ठीक है।

अमृता उसके पास जाकर बैठ गई।

थोड़ी देर बाद, क्लास के बाकी छात्र भी आ गये। कुछ तो पहले से ही बैठे हुए थे। सब बार-बार पीछे मुड़-मुड़ कर देखने लगे और आपस में कुछ बातें करने लगे। अत्सर ने उससे इसके बारे में पूछा...।

"मैं हमेशा से आगे उसी सीट पर बैठती आ रही, इसलिए इन्हें आश्चर्य हो रहा है की मैं आज पीछे कैसे बैठ गई। लेकिन कोई नहीं, यह जगह भी अच्छी है"- अमृता ने मुस्कुराते हुए कहा।

काफी दिन बीत गए। वह दोनों साथ-साथ स्कूल जाते। लंच में अपना टिफिन शेयर करते और स्कूल से छूटने के बाद दोनों साथ-साथ घर वापस जाते। अमृता का घर, अत्सर के घर के रास्ते में ही पड़ता था। स्कूल से वापस आने के बाद, अत्सर घर पर पूरे दिन खेलता रहता था। उसका सारा होमवर्क अमृता जो पूरा करती थी और अत्सर की किस्मत भी इतनी अच्छी थी की वह हमेशा परीक्षा में उसके पास ही बैठता था। वह हमेशा अमृता की कॉपी करके पास हो जाता था।

पाँचवीं कक्षा तक तो ऐसा ही चलता रहा। अब पुराने स्कूल को छोड़ने का समय आया। क्योंकि अत्सर के पापा ने उसका दाख़िला एक दूसरे स्कूल में करवा रखा था। उसे पाँचवीं कक्षा से आगे की पढ़ाई, अब दूसरे स्कूल में करनी थी। गर्मी की छुट्टियाँ खत्म होने के बाद, नए स्कूल में पढ़ने के लिए जाना था।

पुराने स्कूल का अंतिम दिन, वह दोनों रोड पर खड़े थे। अमृता की माँ घर के दरवाज़े पर खड़े होकर उसका इंतजार कर रही थी। अत्सर ने उसका हाथ प्यार से पकड़ रखा था।

अमृता ने अत्सर का हाथ छुड़ाते हुए कहा- "अब जाओ, अब तो तुम नए स्कूल में जा रहे हो?"

अत्सर ने हाँ में जवाब दिया। उसने अत्सर के गाल पर एक किस करते हुए कहा- "अब जाओ और मन लगाकर पढ़ाई करो, क्योंकि वहाँ पर तुम्हारा होमवर्क करने वाला दूसरा कोई नहीं होगा"।

दोनों ने एक दूसरे को अलविदा कहा और अपने-अपने घर की ओर चल पड़े।

"अत्सर और अमृता के बीच की यह सारी बातें मुझे (तर्पण) अमृता ने बताया था। उसकी और मेरी पहचान अचानक एक बस में हुई थी। मैं उस समय दसवीं कक्षा में था। मैं 'दुर्शन' से 'फेब' टाउन के लिए जा रहा था। उसी समय वह मेरे से बस में मिली थी। वैसे भी अगर आप सफ़र में अकेले हों और आपके बगल में कोई खूबसूरत सी लड़की हो तो मुझे नहीं लगता की कोई ऐसे मौके पर शांत रहना पसंद करेगा। ऐसे मौके पर आप ज़रूर उस लड़की से बात करना चाहेंगे। मैंने भी ऐसा ही किया।

मैंने, ऐसे ही बात शुरू करने के लिए उससे पूछ लिया था की वह कहाँ जा रही है? जबकि मुझे पता था की उस बस में बैठे हुए सारे यात्री 'फेब' ही जा रहे थे। इसीलिए, जब मैंने उससे उसके जाने का पता पूछा, तब पहले तो उसने सही जवाब दिया, फिर मुसकुराते हुए कहा- "वैसे, मुझे लगता है, यह बहुत पुराना तरीका है, किसी लड़की से बात करने का...। बस फिर ऐसे ही धीरे-धीरे पूरी पहचान हुई। तब उसने मुझे सारी कहानी सुनाई, यह जानने के बाद की मैं अत्सर का सहपाठी था। वैसे मुझे तभी शक हो गया था, जब उसने अपना नाम बताया था। क्योंकि अत्सर, अक्सर अमृता का जिक्र किया करता था और अमृता की फ़ोटो भी मैंने अत्सर के पास देखा था, लेकिन ठीक से याद नहीं आ रहा था"।

पढ़ाकू के दीवानेपन की शुरुआत

नए स्कूल में, अत्सर की मुझसे मुलाकात होती है। धीरे-धीरे दोनों एक अच्छे दोस्त बन गए। नए स्कूल में आकर अत्सर ने पढ़ाई करना शुरु कर दिया। अब वह एक अच्छा छात्र बन गया था। इस नए स्कूल में, उसने अपनी पढ़ाई के अलावा कुछ नहीं सोचा। इस स्कूल में वह दसवीं कक्षा तक रहा।

दसवीं कक्षा का एग्जाम देने के बाद, वह इंजीनियरिंग एंट्रेंस एग्जाम की तैयारी के लिए होम सिटी (दुर्शन) पहुँचा और साथ ही साथ आगे की पढ़ाई के लिए "फेब" टाउन के ही एक स्कूल में अपना दाखिला करवा लिया। इस साल तो उसने ऐसे ही इधर-उधर की कोचिंग में दाखिला ले लिया था। उसके साथ उसका दोस्त यानी की मैं (तर्पण) भी था। दोनों साथ-साथ इंजीनियरिंग एंट्रेंस एग्जाम की तैयारी में लगे हुए थे।

एक साल बीत गए। पिछले साल तो हम दोनों ने कोचिंग पर ज़्यादा ध्यान नहीं दिया। अब इसके बाद, दोनों ने अच्छे से पढ़ाई करने का मन बनाया। इसलिए, इस साल (दूसरे साल) दोनों ने "ईस्ट टाउन" इलाके में स्थित एक अच्छी सी कोचिंग, "तुंगशेर क्लासेज" में दाख़िला लिया। इस संस्थान का नाम "तुंगशेर क्लासेज" इसलिए था, क्योंकि इसके संचालक "छरछर प्रसाद तुंगशेर" जी थे।

इस कोचिंग में हर तरह के छात्र थे। कुछ पढ़ने वाले भी और कुछ ना पढ़ने वाले भी, जैसा की हर जगह होते हैं। यह कोई नई बात नहीं है। वहाँ पर हमारी पहचान दो और लड़कों (रामधान और दीपक) से होती है। वह दोनों भी अच्छे छात्र की तरह ही थे। वह समय-समय पर पढ़ाई भी कर लेते थे और अपना मनोरंजन भी कर लेते थे।

पहले दिन, हम चारों क्लास में जाकर आगे की दो कतार छोड़कर तीसरी कतार की सीट पर बैठ जाते हैं। ऐसा इसलिए, क्योंकि उन दोनों क़तारों में लड़कियाँ बैठती थी और यही वजह थी की चारों तीसरी कतार में बैठे हुए थे। हम लोग समय से कुछ पहले ही पहुँच गए थे। अब जैसे-जैसे कक्षा शुरू होने का समय नज़दीक आता जा रहा था, कुछ बाल-कन्याओं ने क्लास में प्रवेश लेना शुरू कर दिया। अब जैसे ही सारी लड़कियाँ क्लास में आकर बैठ जाती हैं, हमारे दो नए साथियों में से एक ने अपना काम करना शुरू कर दिया। अरे वही!... लड़कियों पर टिप्पणी करना...।

चारों क्लास में साथ-साथ बैठे हुए थे। रामधान ने एक बात छेड़ दी- "यार! लड़कियाँ पिंक रंग ही क्यों पसंद करती हैं?"

"अबे क्या पूछ रहा है, भाई... यह भी कोई प्रश्न है?"- मैंने (तर्पण) ने गुस्से में कहा।

"क्यूँ नहीं... अरे, यह तो अच्छा है, यहाँ के लोग (लड़कियाँ) बहुत किस्मतवाली हैं की उन्हें हमारे जैसे... वह क्या कहते हैं? ...हाँ

“स्पष्टवादी” लोग मिले हैं। वरना कुछ लोग तो आँखों ही आँखों से बहुत कुछ कर जाते हैं। उदाहरण के लिए, तुम फिल्मों में ही देख लो, हीरो ने हिरोइन को देखा और मन ही मन में फ़ैमिली प्लानिंग भी कर लिया”- रामधान ने अपने बचाव में तर्क दिया।

“अरे ठीक है यार! यह सब तो फिल्मों की बातें हैं। तुम लोग आपस में बहस क्यों कर रहे हो? हमें क्या लेना देना इन सब बातों से, यह सब तो दुनियादारी है”- अत्सर ने अपना प्रत्युत्तर दिया।

“ओहोहोहो... हाँ यह बाबा श्री अत्सर महाराज हैं, जो सिर्फ दिल का इस्तेमाल करते हैं”- दीपक ने कहा। ...हाहाहा...(तीनों हंसने लगते हैं)।

“अबे तुम लोग बहुत गंदे हो। यार! क्लास में बैठे हो, दूसरी जगहों पर नहीं तो कम से कम यहाँ तो शांत रहो। यहाँ तो ऐसी फालतू की बातें ना करो”- अत्सर ने ग़ुस्से में कहा।

क्लास में बैठे हुए अभी दस मिनट ही हुए थे। अचानक सामने के गेट से एक लड़की (स्वास्ती) की एंट्री होती है। अत्सर उसे देखते ही कहता है– “यार! कितनी प्यारी लड़की है।” अब इस बात पर रामधान के कंठ कैसे शांत रह सकते थे। रामधान के कंठों ने दो-चार शब्द उत्पन्न करना शुरू कर दिया– “अबे! लड़की... इसे देखकर तो कुत्ता भी भाव ना दे”।

अत्सर ने उसे फटकार लगाते हुए कहा– “अबे पहले अपने-आपको तो देख ले...। किसी के बारे में ऐसा बोलने से पहले, एक बार सोच तो लिया कर। तुम्हें वह कैसी भी लगे, पर मेरे लिए बहुत अच्छी है। इंसान की सुन्दरता, उसके रंग-रूप से नहीं, बल्कि उसके चरित्र से होती है”।

(बाकी सब ने एक साथ कहा) ओहोहोहो... अबे कौन सा चरित्र (दीपक ने कहा), और तुझे क्या पता की उसका चरित्र कैसा है? “क्या करेगा चरित्र का? अचार डालेगा...?”– दीपक ने अपनी भौहों को सिकोड़ते हुए, खिंची हुई आवाज़ में कहा।

“अच्छा ठीक है...। अब ज्यादा बहस की जरूरत नहीं है”– अत्सर जल्दी से कहता है और अपने सामने रखी किताब की ओर देखते हुए उसमें से गणित के कुछ प्रश्न हल करना शुरू कर देता है।

स्वास्ती आगे की सीट पर आकर बैठ जाती है। कक्षा अध्यापक भी कक्षा में आ चुके थे।

थोड़ी देर बाद, पढ़ाई ख़त्म हुई। कक्षा से बाहर आने के बाद, अत्सर और उसके साथियों ने देखा की वह अपने पापा जी के साथ आई हुई थी। उसके पापा जी बाहर उसका इंतजार कर रहे थे।

स्वास्ती अपने पापा के साथ वहाँ से चली जाती है। उसके जाते ही अत्सर ने कहा– “यार! मुझे ऐसा लग रहा है, जैसे वह मेरा कुछ लेकर चली गई है”।

“अरे! भाई, वह तुम्हारा दिल चुराकर ले गई। अब तुम एक वीराने जंगल की तरह हो। अब तुम बहुत बड़े दुखियारे हो... वह क्या कहते हैं? ...हाँ ...अबला पुरुष...”– दीपक ने मज़ाकिये अन्दाज़ में कहा।

“अबे चुपकर... गधा, कुछ भी बोलता रहता है”- अत्सर ने मुस्कुराते हुए कहा।

कोचिंग से निकल कर, थोड़ी दूर चलने के बाद, एक लड़की छोटे कपड़े पहने हुए दिखती है।

“यार! क्या लड़की है... देख इसे कहते हैं प्यारी सी लड़की...।”– दीपक ने अत्सर को चिढ़ाते हुए कहा।

इतने में रामधान ने एक टिप्पणी की- “आलतू-जलाल्तू, घर पर है क्या फालतू?”

उसने पीछे देखा और फिर “स्टुपिड बॉयज” ऐसा कहकर चली गई। इसके बाद, अत्सर के नए दोस्त (रामधान और दीपक) भी वहाँ से चले गए। वैसे भी, वह दोनों उस कोचिंग में एक दिन के ही मेहमान थे। वह

दोनों ट्रायल क्लासेज के लिए आए हुए थे। उन्हें वहाँ की पढ़ाई अच्छी नहीं लगी।

तर्पण:- अत्सर, तुमने स्वास्ती के आते ही टिप्पणी क्यूँ किया?

अत्सर:- यार! उसने जैसे ही क्लास में प्रवेश किया, मुझे कुछ अलग सा अनुभव हुआ... जैसे की मैं किसी बगीचे में बैठा हूँ और वह मेरे सामने बैठी है। हम दोनों एक दूसरे की आँखों में आँखें डालकर देख रहे हैं और ठंडी-ठंडी सी हवा चल रही है।

तर्पण:- वाह! क्या खयाली पुलाव हैं...।

अत्सर:- यार! मुझे पक्का यकीन है, वह एक अच्छी लड़की है।

"अच्छा ठीक है... होगी वह तेरे लिए हूर की परी...। मुझे क्या करना इससे...। चलो अब घर चलते हैं। वैसे भी मुझे बहुत जोर की लगी है... (इतना कहते ही अत्सर ने अचानक मेरी ओर देखा) ...।

"अरे, भूख यार..."– मैंने (तर्पण) ने अपने बचाव में कहा।

अत्सर:- कोई बात नहीं अब भूख लगी हो या कुछ और उसके लिए सर तो फोड़ेंगे नहीं...।

दोनों अपनी-अपनी साइकिल के ऊपर बैठ कर, उसे धीरे-धीरे खींचने में लगे हुए थे।

मैं और अत्सर एक साथ दुर्शन के "राज विहार" इलाके में रहते थे और वह लोग (नए साथी) "गोविन्दपुर" इलाके से आते थे। इसलिए उनके घर के रास्ते अलग थे।

नए साथी का आगमन

उसी कोचिंग में, दूसरे दिन, हमें फिर से एक नया साथी (अंकुर) मिलता है। वह भी हमारे होम टाउन से ही था। दूसरे दिन, क्लास ख़त्म होने के बाद, जब हम लोग बाहर पहुंचे तो देखते हैं की वह लड़की (स्वास्ती), जिसे अत्सर भाई साहब ने अपने दिल में बसा रखा था, आज अकेले ही आई हुई थी। यह अत्सर के लिए बहुत ख़ुशी की बात थी। यह सब देख, अत्सर भाई साहब का दिल बाग-बाग सा हो गया।

इंजीनियरिंग एंट्रेंस इग्जाम के बेटर प्रेपरेशन के लिए, हम तीनों ने केमिस्ट्री सब्जेक्ट के लिए अलग से कोचिंग (चंगेर क्लासेज) ज्वाइन कर रखा था। इत्तिफाक से उसने (स्वास्ती) भी यही काम कर रखा था, और तो और हमारे कोचिंग सेंटर भी एक ही थे। इन्हें पढ़ाने वाले टीचर भी एक ही थे। अत्सर, मैं और हमारा नया साथी (अंकुर), तीनों लोग एक कोचिंग (तुंगशेर) से निकल कर दूसरे क्लास (चंगेर क्लासेज) के लिए जा रहे थे। इत्तिफाक से, वह भी अपनी एक दोस्त के साथ उसी कोचिंग की ओर जा

रही थी। स्वास्ती कद में अपने दोस्त से छोटी थी। थोड़ी दूर जाने के बाद, वे दोनों रुके और आपस में कुछ बातें करने लगे। शायद, उसकी दोस्त किसी जरूरी काम से आज अपने घर जाना चाहती थी। आज वह क्लास नहीं लेना चाहती थी और ऐसा ही था। वह वहाँ से चली गई और स्वास्ती भी हमारी तरह दूसरे क्लास की ओर चल पड़ी।

"इस बीच जब वह दोनों आपस में बातें कर रही थी तब, अत्सर, स्वास्ती को एक निगाह से देखे जा रहा था। क्योंकि उसका चेहरा हम तीनों की तरफ था। जब तक उनकी बात ख़त्म होती, तब तक हम तीनों उनसे आगे निकल गए थे और दूसरे कोचिंग (चंगेर क्लासेज) का गेट पार कर गए थे"।

हम तीनों अन्दर जाकर क्लास में बैठ जाते हैं। थोड़ी देर बाद, स्वास्ती भी क्लास में आ जाती है। क्लास में बाकी सब छात्र आ चुके थे। अत्सर बार-बार उसी की ओर देखे जा रहा था। क्लास ख़त्म हो गई, लेकिन अत्सर की निगाह स्वास्ती की ओर से हटी नहीं।

क्लास पूरी होने के बाद, मैंने बाहर आकर अत्सर से पूछा की वह क्लास में सामने ना देखकर, बार-बार स्वास्ती की ओर क्यों देख रहा था? अत्सर ने कहा- "कुछ नहीं यार, बस ऐसे ही, वो... मेरे गर्दन की नस खिंच गई थी ना, तो उसकी वजह से मैं ऐसा कर रहा था।" और तो और टीचर के क्लास से जाने के बाद भी, जब सारे छात्र क्लास से चले गए, तब मैं और अंकुर एक प्रश्न को हल करने में लगे थे और अत्सर सब देख रहा था, लेकिन फिर भी उसने (अत्सर) किसी (मुझे व अंकुर) को भी आगाह नहीं किया की सब क्लास से बाहर जा चुके हैं और अब उन्हें भी चलना चाहिए। इन सब की वजह थी की स्वास्ती भी अभी क्लास में अपने एक दोस्त के साथ प्रश्न हल कर रही थी। यह तो अच्छा था की अंकुर ने ध्यान दिया और क्लास से बाहर जाने के लिए कहा।

“अत्सर, अब रहने दो, बाकी कल के लिए छोड़ दो”– अंकुर ने मज़ाकिये अन्दाज़ में कहा।

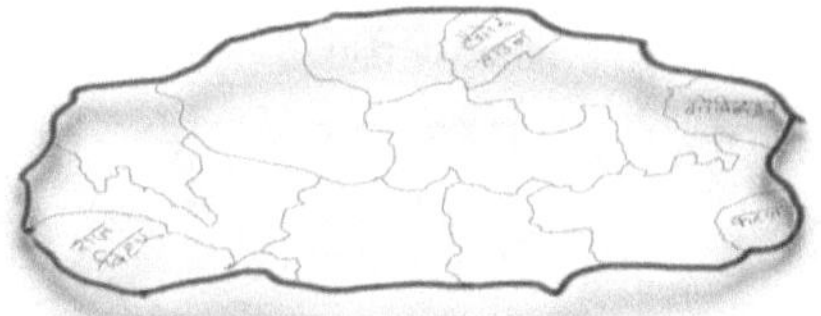

आज के दिन अंकुर को किताब लेने के लिए “कटल (दुर्शन शहर का एक बाज़ार)” जाना था। वह वहीं से आटो रिक्शा में बैठ कर ‘कटल’ चला गया। वह आज साइकिल लेकर नहीं आया था।

हम दोनों अपनी-अपनी साइकिल लेने के लिए “तुंगशेर क्लासेज” के साइकिल स्टैंड की ओर चल दिए।

दरअसल, दोनों कोचिंग पास में ही हैं। दोनों कोचिंग एक दूसरे से लगभग २०० मीटर की दूरी पर स्थित हैं। इसलिए, हम तीनों अपनी-अपनी साइकल्स को पहली कोचिंग के स्टैंड में ही छोड़ देते थे।

साइकिल लेने जाते समय, थोड़ी देर तक शांत रहने के बाद, मैंने अत्सर से यूँ ही कहा...

...लड़की (स्वास्ती) क्यूट है।

अत्सर ने हँसते हुए कहा– “(सामने देखते हुए) जानता हूँ, (मेरी तरफ देखते हुए) मैंने भी देख रखा है”।

हम दोनों ने अपनी-अपनी साइकल्स ली और घर की ओर चल दिए। घर पहुँचने के बाद, अत्सर पूरी रात उसी के बारे में सोचता रहा। एक रात में ही उसने उसके बारे में ढेर सारे खयाली पुलाव पका लिए थे।

रात के दस बज रहे थे। अत्सर और मैं अपने-अपने बिस्तर पर लेटे हुए थे। अत्सर बार-बार करवटें ले रहा था। उसे नींद नहीं आ रही थी। मैंने उससे पूछा की वह बार-बार करवटें क्यों ले रहा है? “याेर पता नहीं क्यों, मैं उसके बारे में बार-बार सोच रहा हूँ”– अत्सर ने कहा। वह बार-बार मेरे खयालों में आ रही है।

मैंने उससे कहा की सोचना बंद करो और सो जाओ कल फिर कोचिंग जाना है। तब अत्सर ने कहा...हाँ सही कह रहे हो।

(मेरी तरफ देखते हुए) यार मैंने पता नहीं क्या-क्या उसके बारे में सोच लिया। आज के बाद, मैं उसके बारे में कभी ऐसा नहीं सोचूंगा। यार...! (रुकते हुए) पता नहीं क्या हो गया है मुझे...।

मैंने उससे हंसते हुए कहा- "मुझे लगता है की तुम्हें प्रेम रोग हो गया है।" इस बात पर अत्सर भी हँसने लगा। फिर उसने कहा- "यार तुम सही कह रहे हो।" (सोचते हुए) मुझे लगता है, मुझे स्वास्ती से प्यार हो गया है। मैंने कहा- "हाँ! सही पकड़े हो... अब अगर, तुम उससे सच्चा प्यार करते हो तो, दोबारा उसके बारे में खयाली पुलाव नहीं पकाओगे।" अत्सर ने कहा- "हाँ! सही कह रहे हो। चलो ठीक है, आज के बाद मैं उसके बारे में ज्यादा कुछ नहीं सोचूंगा। चलो अब सो जाते हैं। वैसे भी, बहुत देर हो गई है, कल कोचिंग भी जाना है।"

इतना कहकर, वह आँख बंद करके लेट गया। मैं भी सो गया, आखिरकार मुझे भी तो उसके साथ ही यात्रा पूरी करनी थी। मुझे भली भाँति पता था की वह उसके बारे में सोचना बंद नहीं करेगा, भले ही वह ऐसा कह रहा था की वह अब उसके बारे में नहीं सोचेगा। उसने अब उसे दिमाग में नहीं दिल में बसा रखा था और जब इंसान अपने दिल की सुनना शुरू कर देता है तो उसका दिमाग भी काम करना बंद कर देता है, खासकर ऐसे मामलों में... कहने का मतलब, किसी लड़की के मामले में... और ऐसा केवल लड़कों के साथ ही नहीं होता, बल्कि लड़कियों के साथ भी ऐसा ही होता है। यह एक साथ दो नाव में पैर रखने के बराबर ही होता है। अब आप अगर पढ़ाई के साथ ऐसा करोगे तो वह दो नाव में पैर रखने के बराबर ही होगा ना और सबको पता है की ऐसी स्थिति में डूबना निश्चित है।

सुबह हुई, हम दोनों समय पर कोचिंग के लिए रवाना होते हैं। कोचिंग पहुँचने के बाद, अत्सर ने स्वास्ती की ओर एक बार भी नहीं देखा क्योंकि उसे उस स्वास्ती रूपी लड़की से नहीं, उसके अन्दर बसी हुई उस आत्मा से प्यार था, ऐसी अत्सर भाई साहब की मान्यता थी।

"प्यार एक ऐसा एहसास है, जो इंसान ही नहीं संसार में उपस्थित हर जीव को खूबसूरत बनाता है और प्यार हर जीव को जीवन के किसी ना किसी स्टेज में ज़रूर होता है। एक बात और, प्यार कोई फिजिकल ऐक्टिविटी नहीं है, प्यार का ना कोई रंग है और ना ही कोई रूप है। प्यार अविरल है, जो एहसास रूपी दरिया में निरंतर बहता रहता है। वैसे तो प्यार की कोई परिभाषा नहीं है। लेकिन अगर आप उसे परिभाषित ही करना चाहते हो तो कोई नहीं, आप उसे 'समय' की तरह मान लो। खैर, यह सब तो कहने की ही बाते हैं, कोई ऐसा करता तो है नहीं। लेकिन मेरा प्यार ऐसा ही है और हमेशा ऐसा ही रहेगा।

अब प्यार ऐसा होता है, यह बात मुझे अच्छी तरह से मालूम है, लेकिन हूँ तो मैं भी एक इंसान ही और मेरे अन्दर भी बाकी लोगों की तरह ही फीलिंग्स हैं और मुझे भी तो समाज में रहना है। क्योंकि हम सब बचपन से पड़ते आ रहे हैं की मनुष्य एक सामाजिक प्राणी है। इसलिए मुझे भी लोगों की तरह हरकतें करनी पड़ती हैं। अब, वह हरकतें चाहे खुद को खुश रखने के लिए हों या फिर दिखाने के लिए। अब जब मेरे बाकी के दो साथी खुद को हँसाने के लिए कोई हरकतें कर रहे हो तो साइड में खड़ा दूसरा इंसान कैसे शांत रह सकता है। इसलिए जब तुम दोनों कोई कारनामे करते हो तो मैं भी थोडा शिरकत कर लेता हूँ। उदाहरण के लिए- मान लो किसी लड़की को देख कर, उस पर कमेंट करना हो।"– अत्सर के कुछ ज्ञानार्धक वचन, जिन्हें मैं (तर्पण) बड़े ध्यान से बैठ कर सुन रहा था।

तीन नए अध्याय

चलो ठीक है, यहाँ तक तो ठीक था। अभी तक तो केवल अत्सर की लाइफ़ में ही थोड़ी बहुत रोमांचक बातें थी। लेकिन आगे हम तीनों (अत्सर, अंकुर और तर्पण) की लाइफ़ ने एक अलग ही मोड़ लिया।

दरअसल, अब आगे की कहानी की शुरुआत तब होती है, जब एक दिन हम लोग रविवार के दिन इकट्ठा हुए और हम लोग अंकुर के घर के छत पर घूम रहे थे। अंकुर भी हमारी गली में रहता था। बस फर्क था तो इस बात का की उसका घर हमारे घर से थोडा दूर था। हम लोग उसके छत पर घूम रहे थे की अचानक तीन लड़कियाँ दिखी और वह तीनों अंकुर की पड़ोसी थीं और इत्तिफाक से वह भी तीन थी और हम लोग भी तीन थे।

अब हमारे सामने यह सवाल उभर के आया की कौन किसकी है? मैंने और अंकुर ने अपने पसंद की चुनना शुरू किया। अत्सर तो वैसे भी उनमें से किसी में रुचि नहीं रखता था। क्योंकि उसे तो कोचिंग में ही एक पसंद आ गई थी। लेकिन फिर भी कुछ भी हो, अत्सर भले ही किसी को ना पसंद करे, कोई और तो उसे पसंद कर ही सकता है। हमने तो अपने तरीके से चुन लिया। सबसे पहले अंकुर ने जो सबसे सुन्दर थी, उसे पसंद किया। मैंने भी एक को पसंद किया।

हम लोग काफी देर से आपस में लगे हुए थे। अत्सर ने कहा- "क्या लड़कियाँ बाजार में बिकने वाली कोई चीज हैं? जो तुम लोग उन्हें इस तरह से पसंद और ना पसंद कर रहे हो।" अब अत्सर की यह बात सही भी थी। लेकिन इसमें हमारी क्या गलती थी, हम लोग तो वही कर रहे थे, जो अब तक होता आ रहा था। अब तक तो लोग लड़कियों के साथ इसी तरह का व्यवहार करते आ रहे थे। पता नहीं लोग ऐसा क्यों करते हैं? अब यही आदत हमारी भी थी। क्योंकि बचपन से हम लोग यही तो देखते आ रहे थे, फ़िल्मों में...।

खैर यह सब छोड़िये, यह सब तो दिल को दिलासा देने वाली बातें हैं। हमें समाज में फैली बुराइयों को दूर करना चाहिए, उन्हें अपनाने के बजाय।

वो दिन तो ऐसे ही निकल गया, क्योंकि वैसे भी हम लोग शाम को कोचिंग से वापस आने के बाद पढ़ाई करते थे। उसके बाद, छत पर थोड़ी देर टहलने के लिए पहुँच जाते थे। उस दिन हम लोग अपने घर के छत पर ना जाकर अंकुर के घर जाने का फैसला किया था। वैसे भी देखा जाए तो वह दिन हमारे लिए लकी था। उस दिन काफी देर तक छत पर रहने के बाद, हम लोग नीचे उतरे। उसके बाद, मैं और अत्सर अपने ठिकाने पर वापस आ गए।

वापस आकर हम लोगों ने अपने लिए खाने-पीने का इंतजाम किया। रात्रि का भोजन करने के बाद, हम दोनों ने थोड़ी देर तक आराम किया और फिर से हम दोनों अपने-अपने काम पर लग गए। ...अरे वही पुराना धंधा... पढ़ाई लिखाई करना।

दूसरे दिन सुबह होते ही हम लोग कोचिंग के लिए तैयार होने लगे। आज अत्सर के चेहरे पर मैंने एक अजीब सी ख़ुशी देखी। वह इतनी जल्दी-जल्दी तैयार हो रहा था, मानो आज उसके लाइफ़ का सबसे खास दिन हो।

कोचिंग पहुँचने के बाद, मैं अत्सर की हरकतों को ही देखता रहा। वह बार-बार गेट की ओर देखता और फिर निराश हो जाता। थोड़ी देर बाद अंकुर भी आ गया। हम लोग वहाँ पहले ही पहुँच गए थे। क्योंकि अत्सर बार-बार मेरे से यही कहता की जल्दी चलो नहीं तो हम लोग देर से पहुँचेंगे। मैंने भी घड़ी नहीं देखा और अंकुर ने भी तो नहीं बताया की हम लोग पहले जा रहे हैं, जब हम लोग उसके घर गए और उसे आवाज दिया, तब तो उसने सिर्फ इतना कह दिया की तुम लोग चलो, मैं आज थोड़ी देर में आ रहा हूँ। इसलिए हम लोग चले गए। वहाँ पहुँचने के बाद पता चला की हम लोग समय से पहले ही पहुँच गये थे।

अब जब भी बाहर से पैरो की आवाज आती, अत्सर बाहर की ओर देखता। लेकिन हर बार उसे निराशा ही हासिल होती थी। उसकी यह हालत, मेरे से देखी नहीं गई और मैंने अंततः पूछ ही लिया...

...क्या हुआ अत्सर भाई?

"कुछ नहीं भाई..." - अत्सर ने थोड़े मन से जवाब दे दिया।

हमें क्लास में बैठे हुए आधे घंटे हो गए थे। क्लास के सारे छात्र आ चुके थे। लेकिन अत्सर की निगाहें अभी भी गेट की तरफ ही थीं। उन्हें तो सिर्फ स्वास्ती के आने का इंतजार था। थोड़ी देर बाद हमारे अध्यापक ने भी क्लास में एंट्री ले ली। लेकिन स्वास्ती अभी भी क्लास में नहीं आई

थी। वह आज आने वाली भी नहीं थी और ऐसा ही हुआ। क्लास में पूरे टाइम अत्सर क्लास के बाहर ही बार-बार देखता रहा। टीचर भी उसकी इन हरकतों को देख रखा था। आखिरकार उन्होंने टोक ही दिया।

क्या बात है अत्सर? तुम बार-बार गेट की तरफ क्यों देख रहे हो?

किसी का इंतजार है क्या? और तुमने आज किसी भी प्रश्न का जवाब भी नहीं दिया।

अत्सर ने कहा- 'कुछ नहीं सर बस ऐसे ही...।'

वह पहले दिन ही टीचर की निगाह में आ गया था। क्योंकि वह जब भी कोई प्रश्न हल करने के लिए देते, अत्सर सबसे पहले उसे हल करके उसका उत्तर दे देता था।

क्लास पूरी होने के बाद पहले की ही तरह हम लोग दूसरी कोचिंग के लिए गए। वहाँ भी अत्सर का वही हाल था। दूसरी क्लास भी पूरी होने के बाद हम लोगों ने अपनी-अपनी साइकिल ली और घर के लिए निकल पड़े। मैं और अंकुर पूरे रास्ते में, जो क्लास में पढ़ाया गया था, उसके बारे में बातें करते रहे। लेकिन अत्सर शांत ही रहा। घर वापस आने के बाद जब मैंने उससे यह कहा - "यार! कोई नहीं वह कल फिर वापस आ जाएगी। कल कोचिंग तो हम लोग जाएंगे ही...।" ऐसा तो नहीं की अब वह जीवन भर के लिए कोचिंग आएगी ही नहीं। तब जाकर उसके चेहरे पर थोड़ी मुस्कान वापस आई। अब मेरे से वह पहले की तरह ही बात करने लगा। ऐसा उसने मेरी बातों से प्रभावित होकर नहीं किया था, बल्कि उसने ऐसा इसलिए किया क्योंकि वह नहीं चाहता था की मैं बोरिंग फील करूँ।

अब आज तो उसका मन पढ़ने में लगा नहीं इसलिए उसने आज मुझे ही अपना टीचर बनाया और कोचिंग में जो कुछ भी पढ़ाया गया था, वह सब मेरे से समझने की कोशिश में लग गया। उसने समझने की कोशिश तो की लेकिन उसका मन खुश नहीं था इसलिए वह अपने-आपको

उतना ज्यादा एकाग्र नहीं कर पाया। लेकिन कोई नहीं, उसने समझने की पूरी कोशिश की और काफी हद तक सफल भी रहा।

उसके बाद मैंने उसका मन स्वास्ती के पास से हटाने के लिए उसे कुछ वीडियो गेम में उलझाए रखा। फिर थोड़ी देर बाद हम लोगों ने अपने खाने-पीने का इंतजाम किया। अब खाना तो पकाना ही था क्योंकि हम लोग मम्मी-पापा के पास तो थे नहीं की वे हमें खाना पकाकर खिलायें। इसलिए हमें ऐसा करना पड़ता था। वैसे भी बहुत दिन से हम लोग सुनते आ रहे हैं की मजबूरी का नाम ही है "महात्मा गाँधी"। कुल मिलाकर हमारी लाइफ़ वैसे ही थी जैसे पहले छात्र जंगलों में जाकर शिक्षा प्राप्त करते थे। फर्क बस इतना था की पहले छात्र जंगल में जाकर अपने गुरुदेव से शिक्षा प्राप्त करते थे। हम लोग अपने घर से दूर एक शहर में शिक्षा ग्रहण कर रहे थे। पहले छात्र गाँव-गाँव जाकर खाने का इंतजाम करते थे, लेकिन हमें खाने-पीने के लिए घर से ही मिल जाता था। बस इतना था की हमें महीने के अंतिम में घर जाकर पूरे महीने भर के लिए राशन लाना पड़ता था। यूँ मान लो हम एक 'अर्ध गृहस्थ' जीवन जी रहे थे। खाना-खाने के बाद हमने थोड़ी देर आराम किया और फिर अपनी-अपनी किताब लेकर पढ़ने बैठ गए।

अरे हाँ यह तो बताना ही भूल गया की हम लोगों ने खाने में क्या पकाया था?

अब हमारे पास इतना टाइम तो था नहीं की हम लोग पकवान बनाकर खाएँ। इसलिए हमारे पास एक साधारण और टिकाऊ खाना पकाने का चारा था और वह है- "देशी पुलाव"। जिसे कहीं "तहरी" तो कहीं "नमकीन भात" जैसे अलग-अलग नाम से जाना जाता है। कुछ लोग इसे "पीली पुलाव" के नाम से भी जानते हैं। दरअसल, भारत एक ऐसा देश है ही...। यहाँ हर तरह के लोग अपने-अपने अंदाज में अपनी-अपनी लाइफ़ का आनंद उठा रहे हैं। देखा जाए तो भारत, दुनिया के

लगभग सारे देशों के रीति-रिवाजों का संगम है। यहाँ के लोग अपने-अपने रीति-रिवाजों का अनुसरण तो करते ही हैं, उसके साथ ही साथ बाकी देश के कल्चर को भी नहीं छोड़ते हैं। अब भले ही ऐसा वह अपने किसी रिश्तेदार या सगे-सम्बन्धी को नीचा दिखाने या फिर शो-ऑफ़ के लिए कर रहे हों।

अब अगर पटेल जी ने अपने बेटे को पढ़ने के लिए मुंबा यूनिवर्सिटी में भेजा है, तो पांडेय जी अपने बेटे को इंजीनियरिंग के लिए "गढ़ा" (एक मशहूर शहर) ज़रूर भेजेंगे। वहीं दूसरी तरफ श्रीवास्तव अपनी बेटी को बिना डॉक्टर बनाये कैसे रहेंगे? आखिरकार उनकी भी तो अपनी अलग पहचान है। अब भले ही पांडेय जी का लौंडा बिज़नेसमैन और श्रीवास्तव जी की छोरी आईपीएस बनना चाहती हो। उन्हें अपने बच्चों के पसंद से क्या लेना देना।

खैर यह सब तो समाज की बाते हैं, हमें क्या लेना-देना इन सब बातों से, चलिए हम लोग अपनी कहानी को आगे बढ़ाते हैं।

थोड़ी देर पढ़ाई करने के बाद हमारे घूमने का समय आ गया और हम लोग पहले की तरह ही फिर अंकुर के घर के छत पर पहुँच गए। अब मैं और अंकुर तो लड़कियों के आने का इंतज़ार करने लगे। लेकिन अत्सर भाई साहब छत के एक कोने में कुर्सी लगाकर बैठ गये। अब हमें तो लड़कियों के आने का इंतजार था। इसलिए हम लोग फिर से लड़कियों के सिलेक्शन में लग गए। तीनों लड़कियों में रिया सबसे सुंदर और सुडौल थी। बाकी दो भी अच्छी थीं, लेकिन उसकी बात ही कुछ अलग थी। अंकुर ने कहा- "अगर रिया ने हम दोनों में से किसी एक को पसंद किया तो हम लोग क्या करेंगे?" मैंने कहा (ठहरी हुई आवाज़ में)- "करेंगे क्या ...? अब यह तो उसकी मर्जी है, वह जिसको पसंद करें, वही उसका होगा...।" लेकिन एक मिनट, तुम हम दोनों में से क्यों कह रहे हो? अत्सर भी तो है। अंकुर ने कहा– "अरे! अत्सर की तो बात ही अलग है। उसे जो

लड़की पसंद कर ले उसकी तरफ तो हम लोग आँख उठाकर भी नहीं देख सकते।" अंकुर, वैसे तुमने सही कहा- "अगर वह हम दोनों में से किसी एक को पसंद करती है तो उससे बेवकूफ लड़की इस दुनिया में कोई नहीं है।"

हम दोनों के बीच यह वार्तालाप कुल मिलाकर तीन मिनट तक चला। हम लोग छत के ऊपर लगभग दो फिट ऊपर उठी दीवार पर बैठे हुए थे। अचानक पड़ोस के घर से चहचहाती हुई लड़कियों की आवाज सुनाई दी। आखिरकार हमारी मंजिल हमें मिलती हुई दिखाई देने लगी और ऐसा ही था। वह तीनों कन्याएँ छत पर आ चुकी थीं और हमारा सोचना सही भी था की रिया, अत्सर को पसंद करें तो अच्छा होगा। उसने आते ही सबसे पहले हमारी तरफ प्यार भरी निगाह से देखा, लेकिन थोड़े ही समय में वह प्यार भरी निगाहें निराश भी हो गईं। क्योंकि उसे उसके आँखों का नूर नहीं दिखा। जैसे ही उन आँखों ने छत के कोने में देखा तो उन आँखों में फिर से नूर सा छा गया। ऐसा नजारा देख हमें ख़ुशी तो हुई लेकिन दूसरी तरफ हमें थोड़ी सी निराशा भी हुई। क्योंकि, अत्सर इन सब से इतर, अपने सपनों की रानी स्वास्ती के यादों में खोया हुआ था। लेकिन कोई नहीं हमें इस बात की ख़ुशी थी की रिया उसे पसंद करती थी।

अब अगर अपनी बात करें तो हमें थोडा सा दुःख ज़रूर था की उसने हमें घास भी नहीं डाला। वे तीनों भी अपने छत के दूसरे किनारे के दीवार पर जाकर बैठ गईं। रिया को छोड़ कर बाकी दो आपस में कुछ बातें करतीं और फिर हमारी तरफ देखकर मुसकुरातीं। रिया भी उनकी बातों को सुनती और उनके कुछ कहने पर थोडा सा मुस्कुरा देती थी। उन तीनों में रिया जितनी खूबसूरत थी, उतनी ही सुशील भी थी। वह अत्सर के लिए बिल्कुल परफेक्ट थी। यूँ मान लो, उनकी जोड़ी राधा-कृष्ण की थी। फर्क इतना था की इस मामले में केवल रिया ही आगे थी। ऐसा नहीं

था की अत्सर को रिया पसंद नहीं थी। वह भी उसे पसंद करता था, लेकिन पसंद करने से क्या होता है। उसके दिल में तो किसी और ने पहले से ही जगह बना लिया था।

थोड़ी देर बाद रिया हमारे पास आई और अत्सर के इस अकेले पन के बारे में पूछा। उसके साथ वह दोनों भी आ गईं। हमने उसे, स्वास्ती और अत्सर के बारे में बताया। जैसे ही हमने अपनी बात को खत्म किया, अर्पिता ने कहा- "क्या वह बहुत सुन्दर है?" अंकुर ने कहा- "नहीं...।" प्रिया ने सरप्राइज भरी आवाज में कहा- "यार! ऐसा कैसे हो सकता है? केवल देखने से ही कोई इतना किसी से प्यार कैसे कर सकता है की वह हमेशा उसके खयालों में ही डूबा रहे और वह भी जो लड़की बहुत सुन्दर भी नहीं है।" तब रिया ने अपनी प्यारी सी आवाज में कहा- "प्यार रंग-रूप नहीं देखता, वह तो बस हो जाता है।" अब यहाँ रिया ने भी वही कहा, जो बात अत्सर हम लोगों से कहता था- "प्यार की कोई परिभाषा नहीं है, प्यार ना तो कोई फिजिकल एक्टिविटी है और ना ही प्यार का कोई रंग-रूप होता है, वगैरह ...वगैरह ...।" हमारे बीच में इतनी ढेर सारी बातें हुई, लेकिन अत्सर को इन सब की कोई खबर नहीं थी। वह कुर्सी पर बैठकर लगातार एक प्वाइंट की ओर देख रहा था। हम लोग आपस में बातें करने में लगे थे। तभी अत्सर भी अपनी जगह से उठ कर आया और हमें टाइम बताकर कहा- "चलो अब बहुत देर हो गई है।"

इतनी देर में हमारी अच्छी खासी पहचान हो गई थी। हम लोग एक साइड में खड़े होकर बातें कर रहे थे और रिया दूसरी तरफ खड़ी होकर अत्सर को देख रही थी, जब अत्सर ने अपनी नज़रों को उस पर से हटा लिया था। अत्सर ने भी उसकी तरफ जान बूझकर नहीं देखा था। उसकी नजर उसकी तरफ पड़ गई थी, लेकिन अत्सर उसके इरादे को समझ नहीं पाया था।

दरअसल, जिस तरह से अत्सर को स्वास्ती से प्यार था, उसी तरह से रिया को भी अत्सर से प्यार हो गया था। अत्सर के कहने पर हम लोग उस दिन वहाँ से चले गए। जाते समय उन सब ने उस दिन को बहुत अच्छा बताया और फिर वहाँ से चल दिए। एक बार फिर रिया ने अत्सर की ओर देखा, लेकिन तब तक अत्सर वहाँ से जा चुका था। उसने सीधे सीढ़ी की ओर देखा और फिर निराश मन से हम सब की ओर देखकर थोड़ी सी स्माइल पास करते हुए बोली- "चलो ठीक है, फिर मिलते हैं...।" सब ने एक दूसरे से अलविदा कहा और वहाँ से चले गए। मिलने जुलने का यह सिलसिला ऐसे ही कई दिनों तक चलता रहा।

शनिवार का दिन था। इसलिए हम लोगों ने आज की रात पार्टी करने का प्लान बनाया। अरे भाई! कोई दारू वगैरह वाली पार्टी नहीं बल्कि कुछ सॉफ्ट ड्रिंक वाली पार्टी के साथ पढ़ाई-लिखाई करना। क्योंकि वैसे भी दूसरे दिन हफ्ते का अंतिम दिन (रविवार) था और रविवार के दिन हमारी छुट्टी रहती थी। अंकुर वन रूम सेट वाले फ्लोर पर अकेले रहता था। अब हम लोग अपने शनिवार की रात को और अच्छा बनाने के लिए बाजार से कुछ चिप्स, नमकीन, मूँगफली और कुरकुरे के साथ एक बड़ी बोतल कोल्ड ड्रिंक लेने निकल पड़े। क्योंकि पूरी रात जागना जो था और यह सब लड़कियों के चक्कर में हुआ था। ना ही हम लोग अंकुर के घर जाते और ना ही वह तीनों हमें दिखतीं, ना ही हम लोग छत पर टाइम खराब करते और ना ही हमें कोचिंग का काम पूरा करने के लिए रात भर जागना पड़ता।

हमारे देर रात तक छत पर रुकने का सिलसिला लगभग तीन महीने का हो गया था और हमने उन तीनों से अपनी अच्छी खासी पहचान भी बना लिया था। इसके पहले हम लोग रात को देर तक छत पर रुकते तो थे, लेकिन वहाँ सिर्फ आँख मिचौली ही हेती थी। यह पहला दिन था, जब हम लोग कुछ ज्यादा ही देर तक छत पर रुक गए। वैसे भी उनसे

गप-शप करने में समय का कुछ पता ही नहीं चला और उन्हें भी तो कोई बुलाने वाला नहीं था।

रिया के माता-पिता तो उसे आठ साल की उम्र में ही छोड़ गए थे। एक कार दुर्घटना में उनकी मौत हो गई थी। रिया अपने मामा के घर रह रही थी। प्रिया और अर्पिता उसके मामा जी की बेटियाँ थीं। उसके मामा जी बिज़नेसमैन थे। इसलिए वह रात को देर से ही घर आते थे। अब रही बात उसके मामी जी की तो वह दो महीने के लिए प्रिया के मामा जी के घर गई हुईं थी। यही वजह थी की हम लोग इतना बेफिक्र होकर आनंद ले रहे थे।

अब अगर बात करें रिया की कि उसके माता-पिता नहीं थे फिर भी अत्सर इतना निर्दयी बनें फिर रहा था तो ऐसा सोचना गलत है, क्योंकि अत्सर उसे धोखा नहीं देना चाहता था और ऐसा नहीं था की अत्सर को रिया पसंद नहीं थी। अत्सर रिया को पसंद तो करता था, लेकिन यहाँ बात आ जाती है, प्यार की...। इसलिए, उसने उससे कोई झूठे वादे नहीं किए। वैसे भी अत्सर बहुत ही नरम दिल का था। उसने कभी ऐसा काम नहीं किया जिससे किसी को ठेस पहुंचे।

बाजार से वापस आने के बाद हम लोग अपनी देशी महफिल सजाकर बैठ गए। हम तीनों एक सर्किल बनाकर बैठ गए। अब इस सर्किल के सेंटर में हम लोगों ने अपने-अपने नोट्स को इकट्ठा किया और अपनी-अपनी गिलास लेकर बैठ गए। छत से वापस आने के बाद अत्सर का भी मूड अच्छा दिख रहा था। तभी तो थोड़ी देर शांत रहने के बाद उसने खुद हम लोगों से प्रिया और अर्पिता के बारे में पूछा? मतलब हमारी पसंद के बारे में पूछा की उनमें से कौन सी लड़की किसको पसंद है और रही रिया की बात तो उसने रिया के बारे में एक बार भी हम दोनों से नहीं पूछा। यहाँ से सीधे पता चल रहा था की वह रिया को पसंद तो करता

था, लेकिन उसके अन्दर बोलने की हिम्मत नहीं थी। क्योंकि वह तो पहले से ही किसी और पर ही फ़िदा था।

अत्सर अपनी कोको-कोला की गिलास के साथ दीवार के सहारे बैठा था। वह अपना सर ऊपर कर, सीलिंग फैन की ओर देख रहा था। ऐसा लग रहा था की जैसे देवदास अपनी पारो की याद में पैमाने के साथ बैठा हो। वह नजारा देखकर, एक पल के लिए हम दोनों (तर्पण और अंकुर) के आँखों में भी थोडी सी नमी आ गई। ऐसा नजारा हमें कुल दस मिनट तक देखने को मिला। यही नहीं, उसकी वह कष्टों से भरी दशा देखकर हम लोगों के कोको-कोला पीने की स्पीड भी बढ़ गई थी। अब आखिरकार था तो वह हमारा दोस्त ही, उसके दुःख में दुखी होना तो हमारा फर्ज था।

अंकुर तो एक चिप्स खाता तो उसके साथ-साथ दो घूँट कोको-कोला भी पी जाता था। ऐसा लग रहा था, जैसे अपने एक यार के दुःख में दो नमूने बावले हो गए हों। दुःखों से भरा यह मातम ठीकठाक चल ही रहा था की अचानक हमारा देवदास, पारो की याद में कोल्ड ड्रिंक भरी बोतल को अपने सर पे रखकर उठा और पारो के प्यार में बावले हुए देवदास की तरह हरकतें करते हुए बोला... "ऐ मेरी स्वास्ती रुपी पारो, मैंने तुम्हें देखा और दीवाना हुआ... सही था। तुम पर फ़िदा हुआ... सही था। तुम्हारे इंतज़ार में हर रोज नजर टिकाए गेट की ओर देखा... यह भी सही था। यहाँ तक की क्लास में ब्लैक बोर्ड की ओर ना देखकर तुम्हारी ओर देखता रहा... वह भी सही था। लेकिन आज तुम क्लास लेने के लिए कोचिंग नहीं आई... यह सही नहीं था।" (हाथ में लिए हुए काँच के गिलास को नीचे फेंकते हुए) क्यों किया तुमने ऐसा, स्वास्ती? ...क्यों? दूर किसी गाँव में, जब किसी माँ को यह पता चलता है की उसके गाँव में अत्सर आ रहा है तो वह अपनी खूबसूरत बेटी को बाहर यह कहकर भेजती है की जा बेटी

तेरा हीरो आ रहा है। ...जा बेटी, जीले अपनी जिंदगी। ...हाहाहा ...
(अत्सर अचानक जोर-जोर से हँसने लगा)।

अब, उसको हँसता देख हम दोनों भी हँसने लगे। वह तो खुल के हँस रहा था। पुंगी तो हमारी बजी हुई थी। हमें लग रहा था, जैसे अत्सर अपने होश खो बैठा हो। उसके यह हालात देखकर हम ना तो ठीक से रो पा रहे थे और ना ही ठीक से हँस पा रहे थे। अभी तक तो हम दोनों उसकी हालत देखकर दुखी हो रहे थे। अब वह हमारे उस रोंदूँ मुँह को देखकर लोट-पोट होता जा रहा था। इतने में अंकुर ने अपने साइड में रखे हुए तकिए को उठाया और अत्सर के सर पर दे मारा। उसके बाद, अत्सर ने भी यही दुहराया। अंकुर ने अपनी हरकतों को आगे बढ़ाते हुए कोको-कोला की बोतल को उठाया और उसके ऊपर फेंक दिया। मैंने धीरे से बीच में रखी हुई किताबों को उठाया और दूसरे कोने पर रख दिया। अब, अपने दोस्तों की ख़ुशी में मैं शिरकत ना करता, यह कैसे हो सकता था। बस फिर देर किस बात की थी, मैंने भी एक बोतल में पानी लिया और उन दोनों पर गिरा दिया। अब क्या था उन दोनों ने मुझे पकड़ा और जमीन पर गिरा दिया। अंकुर, अत्सर के दूसरी तरफ जाते हुए बोला- "अबे! तर्पण, हम लोग क्यों लड़ रहे हैं?" इसने हम दोनों को दुखी किया था। इसको गिराते हैं। जैसे ही अंकुर ने इतना कहा, मैंने अत्सर का पैर खींचा और उसे जमीन पर गिरा दिया। अंकुर पास में रखी हुई सारी चीजों को उसके ऊपर फेंकने में लग गया। थोड़ी देर में ही स्टडी रूम, अस्तबल बन गया। अरे मैं तो सोचता हूँ, उस समय कमरे की जो हालत थी, उससे भी अच्छा होता है, अस्तबल। ऐसा लग रहा था, जैसे तीन घोड़े अस्तबल में खुले हुए हैं और घूम-घूम कर पोट्टी करने में लगे हुए हैं और उसी पोट्टी में खेल रहे हैं। अब हमारी जोर-जोर की आवाज सुनकर नीचे के फ्लोर पर रह रहे लड़के भी आ गए और फिर क्या था, सब मस्ती करने में लग गए। वैसे भी यह साल का अंतिम दिन था।

नया साल

हम लोगों ने कम ही रायता फैलाया था कि उन सभी ने अपने पास रखी हुई सारी चीजें ले आकर एक-दूसरे के ऊपर फेंकना शुरू कर दिया। एक ने तो हद ही कर दिया, उसने अपने घर से लाये हुए टमाटर को ही फेंकना शुरू कर दिया। टमाटरों की संख्या लगभग हजार के आस-पास थी। इतने में अंकुर ने पास में रखे हुए होम थिएटर को शुरू कर दिया। बस फिर क्या था, जैसे ही "डर्टी पिक्चर" का गाना "उलाला" बजना शुरू हुआ, सब ने अपना होश ही खो दिया। एक के बाद एक गाने बजते जा रहे थे और हमारी सैटरडे पार्टी चलती रही। देखते ही देखते लगभग दस बन्दे वहाँ इकट्ठा हो गए थे। अब जब लोग ज्यादा थे तो गाने भी सब के पसंद के चलने चाहिए। इसलिए सब अपनी-अपनी पसंद के गाने लगाने के लिए कहने लगे। अब क्या था, अंकुर होम थिएटर के पास बैठ गया और सब की इच्छा पूरी करने में लग गया।

अत्सर ने एक पेपर को मोड़कर माइक बनाया और गांवों में चलने वाले नौटंकी का एंकर बन गया और बोलना शुरू कर दिया। हाँ तो भाई लोगों, "मौना" से आए हुए लड़के ने टमाटर पेश करते हुए, "पड़ोसन" नामक हरियाणवी गाने की फरमाइश की है। बस फिर क्या था, जैसे ही गाना बजना शुरू हुआ, सारे लड़कों ने "मौनवी" लड़के की नकल करते हुए ठुमका लगाना शुरू कर दिया। "मौनवी" बाबू ने अपने "मौनवी" अंदाज में नाचना शुरू कर दिया। अत्सर ने हाथ में लिए हुए टमाटर को सब के ऊपर फेंकना शुरू कर दिया।

लगभग एक घंटे तक चलने वाली इस पार्टी का अंत 11:59:50 पर हुआ। उसके बाद अत्सर ने उलटी गिनती गिनना शुरू किया ...10...7...5, 4, 3, 2, 1 "हैप्पी न्यू ईयर" ...।

पार्टी ख़त्म हुई। सबने एक दूसरे को गले से लगाया और फिर अपने-अपने अड्डे पर चले गए। सब के जाते ही हम सब अंकुर का रूम साफ़ करने में लग गए।

रूम की हालत बहुत ख़राब हो गयी थी। टमाटर की इस होली में रूम की पूरी फर्श रेड-रेड सी हो गई थी। साफ़-सफाई पूरी होने के बाद हम तीनों मिलकर कुछ खाने के इंतजाम में लग गए। आमलेट और केले-दूध खाने के बाद हम लोग थोड़ी देर आराम करने के लिए बैठे ही थे की लगभग दस मिनट बाद प्रिया वहाँ आ गई। उसने अत्सर और अंकुर को वहाँ से यह कह कर भेज दिया की जाओ तुम दोनों को रिया और अर्पिता बुला रही हैं। वह दोनों छत पर चले गए। जब उन दोनों ने छत पर किसी को नहीं पाया तो दोनों वापस आए। जैसे ही प्रिया ने सीढ़ियों से किसी के आने की आवाज सुनी वह मेरे पास से भाग गई। वह नालायक कुछ फालतू की हरकतें करने जा रही थी।

प्रिया के वहाँ से जल्दी से जाते हुए देख, अंकुर और अत्सर भी सारी बात समझ गए। उन दोनों ने मेरे साथ काफी तफ़री की। कुछ मजाक

करने के बाद, अत्सर और अंकुर दोनों पढ़ाई करने में लग गए। मैं भी उनके साथ बैठ गया। लगभग दश से पंद्रह मिनट तक तो मैं सदमे में ही रहा। फिर किसी तरह से अपने दिमाग को एकाग्र किया और फिर उनके साथ पढ़ाई करने में जुट गया।

इतना सब कुछ होने के बाद, मैंने अपने दिमाग को किसी तरह से एकाग्र तो कर लिया था, लेकिन मुझे कुछ समझ में नहीं आ रहा था। फिर भी मैं उन दोनों के साथ लगा रहा। लगभग दो-तीन घंटे बाद हम लोग किताब बंद करके सो गए।

सुबह जब मेरी आँख खुली तो मुझे अंकुर और अत्सर यमराज की तरह सामने खड़े नजर आए। ऐसा लग रहा था जैसे यमराज अपने साथी के साथ मेरे प्राण हरने के लिए आ गए हैं। अंकुर ने कहा- "अरे अब तो उठ जाओ, अगर रात का हैंगओवर उतर गया हो तो"। मैंने थोड़ी सी स्माइल के साथ अपना सर नीचे की ओर झुकाया और अपनी आँखों को अपने दोनों हाथों से मलने लगा।

अत्सर:- "यार आज रविवार है और सबसे बड़ी बात यह है की आज साल का पहला दिन भी है, चलो कहीं घूम कर आते हैं।" अंकुर ने कहा- "हाँ! ठीक है...।" मेरा जाने का मन नहीं था इसलिए मैंने कहा- "अरे यार क्या रखा है? दुर्शन में...। यहाँ कहाँ घूमने चलोगे?" अब क्या, अब तो अंकुर को ताना मारने के लिए फिर से मौका मिला गया था।

हाँ! तुम तो जैसे हाँग-काँग के निवासी हो ना, इसलिए तुम्हें दुर्शन की जिंदगी पसंद नहीं है।

अब तो मैं कुछ बोल भी नहीं सकता था क्योंकि जब भी बोलता अंकुर मुझे छोड़ने वाला नहीं था। मैंने भी उनके साथ जाने के लिए हाँ कह दिया। अत्सर ने कहा की अगर ना मन हो तो कोई नहीं बाद में चल लेंगे। अब अगर उस समय मैं अत्सर से जाने के लिए मना करता तो यह ठीक नहीं था। इसलिए ना चाहते हुए भी मैंने हाँ बोल दिया।

सुबह के दश बज रहे थे। मैं पहले ही बहुत देर से उठा था। अब और देर करना ठीक नहीं था। इसलिए, मैं जल्दी से जाकर फ्रेश हुआ। इसके अतिरिक्त दूसरे जो भी काम थे उन्हें पूरा किया और लगभग एक घंटे बाद हम लोग घूमने के लिए निकल पड़े। रास्ते में जाते समय अंकुर ने कई बार मेरी बातों को अनसुना किया। उसने मेरी एक साधारण सी बात पर बहुत ही क्रूर तरीके से बात किया।

चलो यह सब तो ठीक था। अब भले ही मैं और अत्सर पहले से ही अच्छे दोस्त रहे हों, लेकिन इन दिनों अंकुर की मेरे से ज्यादा पट रही थी। अचानक उसके अन्दर हुए इस बदलाव से मुझे समझ में नहीं आ रहा था की आखिरकार उसे हो क्या गया है? मैं काफी देर तक शांत रहा, थोड़ी दूर जाने के बाद अत्सर ने आटो लिया और हम तीनों आटो में बैठ गए। आटो में बैठने के बाद, अंकुर ने अत्सर से घूमने की जगह डिसाइड करने को कहा। अत्सर ने मेरे से मजकिए स्वभाव में कहा... "और अंकुर बाबू! कहा जाना चाहोगे?" मैंने उसकी पसंद को अपनी पसंद बता दिया और फिर शांत पूर्वक बैठा रहा। इसके अतिरिक्त अब मैं कर भी क्या सकता था? अंकुर पहले से ही मेरे से असाधारण व्यवहार कर रहा था। मैं नहीं चाहता था की हम दोनों के बीच किसी तरह की कोई अनबन हो। वह दोनों जगह डिसाइड करने के लिए बहस करने लगे। अंत में उन दोनों ने 'ललिया बाग़' जाने के लिए निर्णय लिया। मैं रास्ते में पूरे समय अंकुर द्वारा किए गए, उस असाधारण व्यवहार के बारे में सोचता रहा। चंद लम्हों में ही हम लोग अपनी मंजिल तक पहुँच गए।

ललिया बाग़ पहुँचने के बाद, हम लोग जब वहाँ की ख़ूबसूरती का लुत्फ उठा ही रहे थे, तभी एक छोटी सी बात को लेकर मेरे और अंकुर के बीच थोड़ी सी अनबन हुई। ललिया बाग़ में मकबरों का मुआयना करने के बाद, आम-अमरूद के बाग़ की ओर जाते समय रास्ते में मैं सामने से आ रही एक लड़की को देख रहा था। अत्सर ने मुझे ऐसा करने से रोका।

"यार! रहने दे इसे क्या रोक रहा है, यह तो... वैसे भी इसके अन्दर कुछ ज्यादा ही गर्मी है"- अंकुर ने कहा। इसी बात को लेकर मेरे और अंकुर के बीच कहा-सुनी हो गई। मैंने अंकुर को थोड़े से गरम मिज़ाज के साथ वॉर्निंग देते हुए कहा- "साले! अगर तूने दोबारा मुझे ऐसा कुछ कहा तो मुझसे बुरा कोई नहीं होगा"। इस बात पर अंकुर ने कहा- "तू मुझे साला बोल रहा, अपनी सकल तो देख... तुझे कुतिया भी भाव न देगी"। उसके ऐसा कहते ही मैं और ज्यादा गुस्से में आ गया।

चलो यह तो अच्छी बात थी की अत्सर हमारे पास था, जो हम लोगों को ज्यादा उलझने से पहले ही बचा लेता था। दो लोगों के बीच की समस्या को सुलझाना उसे अच्छी तरीके से आता था। जब उसने मामले को और ज्यादा बिगड़ते देखा तो हम दोनों को वहाँ से चलने के लिए बोला। अब जब हमारे बीच संधि नहीं हो पा रही थी तो ऐसे में उस जगह की ख़ूबसूरती का भी हमारे लिए कोई फायदा नहीं था। इसलिए हम तीनों वहाँ से वापस आ गए। घर वापस आने के बाद, मैं अपने रूम पर चला गया। अत्सर, अंकुर के साथ कुछ नोट्स वगैरह लाने के लिए गया। वापस आते समय अंकुर भी अत्सर के साथ आया। आते ही उसने मेरे से अपने उन असाधारण व्यवहार के बारे में माफी माँगी और भविष्य में ऐसा ना होने का वादा किया। उसके अन्दर अचानक इस तरह के बदलाव को देखकर मुझे थोड़ा अजीब तो लगा, लेकिन फिर भी मैंने, "चलो कोई नहीं..." ऐसा कह कर बात को टाल दिया। उसके इस तरह के व्यवहार के बारे में मुझे जानने की इच्छा तो हुई, लेकिन मैंने उस समय उस बात को वहीं दफन करना पसंद किया। अंकुर और अत्सर के वापस आने के बाद तीनों फिर से अपने काम में लग गए। कोचिंग के बाकी रह गए काम को हमने मिलकर पूरा किया। वैसे भी हमें दूसरे दिन फिर से अपनी कोचिंग की दुनिया में वापस जाना था।

पढ़ाई करते-करते हमें समय का पता भी नहीं चला। हम लोगों ने अपना-अपना काम पूरा किया। अंकुर ने अपने रूम पर वापस जाते समय, हम दोनों को भी साथ में आने के लिए कहा। मैं अब नहीं जाना चाहत था। फिर भी मैं उन दोनों के साथ गया। फिर से हम लोग अंकुर के छत पर पहुँचे। थोड़ी देर बाद, रिया, अर्पिता और प्रिया भी अपने छत पर आ गईं।

आज प्रिया पहले की अपेक्षा थोडा शांत थी। वह थोडा सहमी हुई सी थी। वह जब भी अंकुर और अत्सर की तरफ देखती थोड़ी शरमा सी जाती थी। आज अर्पिता ज्यादा बोल रही थी। वैसे बोलने में तो सबसे आगे प्रिया ही थी, लेकिन आज उसके शांत रहने की वजह से अर्पिता का बोलना ज्यादा लग रहा था। अब बात करें रिया की तो, वह तो पहले से ही शांत रहती थी। वह बहुत कम बोलती थी। हाँ! यह था की वह जब भी बोलती, सोच-समझ कर बोलती थी। वह बिल्कुल अत्सर की तरह ही थी। दोनों की जोड़ी बिल्कुल फिट थी। लेकिन अब हम इसमें कर भी क्या सकते थे। हम लोग बहुत पहले से सुनते आ रहे हैं की जोड़े आसमान से बनते हैं।

सबके इकट्ठा हो जाने के बाद हमारे बीच राजनीति को लेकर बातें छिड़ गईं। इसकी शुरुआत अर्पिता ने किया था। अब दूसरी तरफ से किसी ने राजनीति को लेकर बात को शुरू किया हो और अंकुर शांत रहे ऐसा हो ही नहीं सकता था। अंकुर और अर्पिता दोनों के बीच राजनीतिक दलों को लेकर खूब झड़प हुई। एक तरफ अंकुर यह कह कर सभी राजनीतिक दलों को सही ठहरा रहा था की "कमियाँ तो सबके अन्दर होती हैं और इनसान तो गलतियों का पुतला है।" दूसरी तरफ अर्पिता ने सारे राजनीतिक दलों को भ्रष्टाचारी और देशद्रोही ठहराया। यही नहीं अर्पिता ने नेताओं को काम के मामले में नपुंसक और अत्याचारी बताया और साथ ही साथ उसने सभी नेताओं को ढोंगी, अय्याश बाज जैसी ढेर

सारी उपाधियाँ प्रदान की। यही नहीं उसने देश के लिए मर मिटने वाले महापुरुषों से आज के नेताओं की तुलना किया और आज के नेताओं को महापुरुषों के पैरों की धूल से भी कम कीमत का बताया। उसने कहा- "यह तो उनके पैरों की धूल भी नहीं हैं।"

अंकुर ने अर्पिता की इस बात को गलत ठहराया। यही नहीं वह तो उनके बारे में और भी भला बुरा कहने वाली थी, लेकिन जब अत्सर ने अंकुर का साथ दिया तब उसने अपने गुस्से को काबू में किया। अत्सर के कहने पर उन दोनों ने नेताओं की बात करना तो बंद कर दिया, लेकिन प्रिया, इतना बोलने वाली लड़की, कब तक शांत रह सकती थी। उसने भी अपने स्कूल की कहानियाँ सुनाना शुरू कर दिया। इसी बीच रिया के मामा जी फ्लैट की चाभी लेने आ गए। एक पल के लिए तो हम लोग डर गए की कहीं वह हमें फटकार न लगाएँ। वैसे भी छोटे शहरों में लड़के और लड़कियाँ एकसाथ बैठकर इस तरह से गप-शप करें, ऐसा किसी को भी पसंद नहीं आएगा और जब बात हो 'भ्रित बोर्ड' के छात्र की तो फिर तो सवाल ही नहीं बनता। वैसे भी भ्रित बोर्ड के स्कूलों में तो लड़के-लड़कियाँ साथ-साथ बैठ भी नहीं सकते।

लेकिन यहाँ ऐसा कुछ नहीं हुआ। रिया के मामा जी ने चाभी ली और हमें कुछ ज्ञान की बातें बताकर चले गए। ऐसा देखकर, मुझे खुद से थोड़ी चिढ़ हुई। लेकिन फिर मैंने यह सोचा की गलती तो इसमें प्रिया की भी थी। मैं अगर केवल खुद को दोषी ठहराता हूँ तो फिर यह मेरे साथ सरासर ना-इंसाफ़ी होगी।

अर्पिता ज्यादा तर रिया के साथ ही रहती थी। शायद यही वजह थी की वह प्रिया से बिल्कुल अलग थी। यह सब तो ठीक था, मैं उसके (प्रिया के) हिम्मत की दाग देता हूँ की वह बिना किसी की परवाह किए अकेले रात के 12 बजे मेरे पास चली आई। उसे हमारे उस दिन अंकुर के ही रूम पर रुकने की बात हमने ही बताया था, जब हम लोग बाजार से

चिप्स और कोल्ड्रिंक लेकर वापस आ रहे थे। तभी वह हमें रास्ते में मिल गई थी। उसने चलते-चलते मेरी तरफ देखते हुए, एक संकेत दिया था- "इसका मतलब आज की रात रंगीन होने वाली है।" लेकिन हम लोग उसकी इस बात को समझ नहीं पाए थे।

खैर यह सब बातें तो बीत गई थी। प्रिया के पापा, यानी रिया के मामा के फ्लैट की चाभी लेकर जाने के बाद प्रिया ने फिर से अपनी कहानी को आगे बढ़ाया। वह अपने स्कूल में खेलते समय, कुछ खो जाने की बात-बता रही थी की तभी उसे कुछ याद आया और उसने फ्लो-फ्लो में बोल ही दिया... "अरे तर्पण कल शाम को मेरे कान की बाली तुम्हारे पास ही रह गई थी।" इतना सुनते ही रिया और अर्पिता तो जैसे जम सी गई थी। तभी अर्पिता ने अपनी चुप्पी को तोड़ते हुए कहा- "नालायकों कल रात को क्या किया, तुम लोगों ने? और प्रिया नालायक! तूने अपने कान की बाली... तर्पण के पास कैसे छोड़ दिया? अगर, यह बात किसी को पता चली तो जाने क्या होगा?"

उधर से रिया ने भी कहना शुरू कर दिया- "अबे! नालायकों, तुम्हारे बीच यह गुटरगूँ शुरु कब हुआ? इसका मतलब कल जब मैंने अपना हाथ बगल में रखा तो मुझे खाली-खाली सा समझ में आया... मतलब तू सच में कल वहाँ नहीं थी? मैंने सोचा तू थोड़ी दूर पर होगी, मेरे हाथ के पहुँच से दूर... लेकिन तू तो ..."।

अर्पिता का गुस्सा बढ़ता ही जा रहा था। मैं और प्रिया दोनों अचरज भरी आँखों से उन दोनों को देख रहे थे। हमें कुछ समझ में ही नहीं आ रहा था की वह लोग कहना क्या चाहते थे। अब अंकुर ने भी उन्हीं दोनों की तरफ से बोलना शुरु कर दिया और अत्सर को तो रिया बोलने भी नहीं दे रही थी। वह जब भी उन्हें समझाने की कोशिश करता, रिया उसे दो-चार खरी-खोटी सुना देती थी। अर्पिता ने भी अत्सर से कहा- "यार! तुम तो समझदार थे।" तुम तो इन्हें रोक सकते थे। यह दोनों तो हैं ही... ना-

समझ। हमें किसी पर भरोसा हो या ना हो लेकिन तुम पर ज़रूर था। लेकिन तुमने तो हमारे भरोसे की वाट लगा दी...।

अचानक प्रिया ने दबी आवाज में चीखते हुए कहा- "चुप रहो... क्या लगा रखा है? तुम लोगों ने और मुझे समझ क्या रखा है, तुम दोनों ने ...। बिना पूरी बात जाने समझे कुछ भी बोलते जा रहे हो।" यार! पहले पूरी बात जान तो लिया करो। आप लोग जैसा सोच रहे हो वैसा कुछ भी नहीं है। वह कल...(रुकते हुए) मैं बस ऐसे ही चली गई थी। मैंने सोचा जाकर देखती हूँ, यह लोग क्या कर रहे हैं।

अर्पिता:- इतनी रात को ...?

प्रिया:- तो क्या हुआ? नया साल था। मैंने सोचा जाकर न्यू-इयर विश कर देती हूँ।

मैं शांत पूर्वक खड़े होकर मंद-मंद मुस्कुरा रहा था। "अरे आप लोग जितना सोच रहे हो, ऐसा कुछ नहीं हुआ है ..वो बस ऐसे ही ठीक से ना पहनने की वजह से प्रिया के कान की बाली वहीं पर गिर गई थी... बस और कुछ नहीं है। खामखाँ कुछ भी बोलते जा रहे हो"- मैंने भी अपनी तरफ से उन दोनों को भरोसा दिलाया। उन दोनों ने कुछ ज्यादा ही आगे सोच लिया था।

समय बीतता गया लेकिन अंकुर द्वारा, मेरे प्रति किए गए उस असाधारण व्यवहार के बारे में अभी भी मुझे पता नहीं चल पाया था। मुझे किसी न किसी बहाने वह बात याद ज़रूर आ जाती थी। एक दिन मैं और अत्सर बैठे हुए थे। उस समय कोचिंग की छुट्टियाँ चल रही थीं। हमारे बीच प्रिया, रिया और अर्पिता को लेकर बातें हो रही थीं। इसी बीच मैंने अत्सर से अंकुर के उस दिन की नाराज़गी के बारे में जानने की कोशिश किया। पहले तो उसने कहा की वह तो बस ऐसे ही अपने किसी पर्सनल प्रॉब्लम की वजह से ऐसा व्यवहार कर रहा था। लेकिन मुझे अभी भी ऐसा लग रहा था, जैसे अत्सर किसी बात को मेरे से छिपा रहा

हो। इसलिए, मैंने और जोर दिया, तब तक, जब तक की वह उस दिन के राज को बताने के लिए राजी ना हुआ।

दरअसल, उस दिन जब प्रिया ने अत्सर और अंकुर को छत पर जाने के लिए बोला और छत पर जाने के बाद उन दोनों ने किसी को वहाँ नहीं पाया, तभी उन्हें प्रिया के मनसूबे समझ में आ गये थे और अंकुर उस दिन छत से दौड़ कर वापस आया था। लेकिन जब उसने प्रिया को तेज़ी से वापस जाते हुए देखा तो वह वहाँ से वापस छत पर चला गया। उसके साथ अत्सर भी गया। वापस छत पर जाने के बाद अत्सर ने समझाया, तब जाकर वह शांत हुआ। मुझे कुछ समझ में ही नहीं आ रहा था, आखिरकार वहां हो क्या रहा था? मैं खुद से ही प्रश्न पूछने में लग गया था। एक तरफ़ प्रिया की हरकत और दूसरी तरफ़ अंकुर और अत्सर का वापस छत पर जाना। जहाँ तक, मैं अंकुर को अच्छी तरह से जनता हूँ, वह कभी भी गलती करने वाले को छोड़ता नहीं था और उसके इस चरित्र के बारे में मुझे तब पता चला था, जब उसने कोचिंग के एक लड़के को थप्पड़ मारा था। इसकी वजह थी की एक दिन रास्ते में चलते वक्त मेरे हाथ से लगकर उस लड़के की किताब जमीन पर गिर गई थी। जिसको लेकर उस लड़के ने मुझे गाली दे दिया था। तभी अंकुर ने उसे पीट दिया था। अगर उस समय अत्सर वहाँ होता तो वह लड़का पिटने से बच जाता। उस दिन अत्सर बीमार होने की वजह से कोचिंग नहीं गया था। यही नहीं एक बार एक लड़के ने स्वास्ती को माल बोल दिया था। उस समय भी उसने उस लड़के पर हाथ उठा दिया था। वहाँ पर अत्सर ने ही उस लड़के को अंकुर के चंगुल से बचाया था।

इतना सब होने के बावजूद, अगर मैं अंकुर से बातें कर पा रहा था तो सिर्फ अत्सर की वजह से और यह तो अच्छा था की मुझे उस समय इस बात का पता नहीं चला की "अंकुर प्रिया को पसंद करता था।" अगर अत्सर ने उस समय मुझे यह बात बता दिया होता तो मैं अंकुर से नजरें भी

ना मिला पाता, क्योंकि अंकुर से मेरी बहुत अच्छी दोस्ती थी। जब अत्सर ने मुझे यह बात बताया, उस समय मुझे ऐसा लगा जैसे मैंने अपनी जिंदगी का सबसे गंदा काम किया हो। जबकि, हमारे बीच ऐसा कुछ नहीं हुआ था, जिसके लिए मुझे इतना खेद होता। लेकिन फिर भी दोस्ती तो दोस्ती होती है। दोस्ती में दोस्त को दूसरों की गलती से होने वाले नुकसान/दुःख में भी अपनी ही गलती दिखती है, अगर उसमें हमारा अपना अनजाना सा भी हाथ हो तो।

उस घटना को घटित हुए लगभग एक महीना हो गया था। लेकिन अत्सर से पूरी बात जानने के बाद, मेरा अंकुर से नजरें मिलाना मुश्किल हो गया था। कई दिनों तक तो मैं उसके रूम पर भी नहीं गया। कोचिंग में, जब वह मेरे से मिलता तो उस समय मैं उससे सिर्फ चंद शब्दों में ही बात करता था। अंकुर ने अत्सर से इस बारे में बात की तो अत्सर ने उसे बताया की उसने उसे सारी बात बता दिया है। तब जाकर अंकुर मेरे पास आया और उस बात को भूल जाने को कहा। उसने यह भी कहा की कोई नहीं जो हुआ सो हुआ, लेकिन अब तुम दोनों से मेरी विनती है की अब तुम दोनों (तर्पण और प्रिया) कभी अलग ना होना। उसने मेरे से यह भी कहा की अगर मैंने कभी भी प्रिया का दिल दुखाया तो वह मुझे छोड़ेगा नहीं। उस दिन उसने मुझे चार साल का टाइम दिया और एक अच्छी सी नौकरी पाने के बाद प्रिया से शादी की बात सुझाया। मैंने भी जोश-जोश में अपनी बात को कायम रखा और अंकुर से वादा किया की अगर मैं शादी करूँगा तो प्रिया से ही वर्ना किसी से नहीं। यह बात सुनकर अंकुर ने मुझे गले से लगा लिया। अब जिसके पास इतने अच्छे दोस्त हों, वह इंसान कैसे उनके साथ गलत कर सकता है? अब इसमें सबसे रुचिकर बात यह है की हम सब की उम्र उस समय 18 साल के आस-पास थी और हमने शादी तक की बातें कर ली थी। जबकि इस उम्र में तो लोग अपने कैरियर के बारे में सोचते हैं।

इज़हार

"पार्क में तरह-तरह के लोगों का आना जाना लगा रहा। मैं (लेखक) पार्क के अंदर एक पेड़ के नीचे, कंक्रीट से बने बेंच के एक छोर पर बैठ कर उसी बेंच के दूसरे छोर पर बैठे तर्पण की आत्मकथा को सुनता रहा...।"

एक तरफ मेरे (तर्पण) और प्रिया के बीच की कहानी शादी पर आकर रुकी हुई थी तो वहीं दूसरी तरफ अर्पिता के मन में भी अंकुर के लिए प्यार के बीज पल रहे थे। कोचिंग से वापस आने के बाद, अपना काम पूरा करने के बाद, हमारा वह पुराना धन्धा चलता रहा। ...अरे वही, छत पर बैठ कर गप्पे-सप्पे लड़ाना। समय बीतता गया आखिरकार वह समय आ ही गया जब अर्पिता ने अपने दिल की बात अंकुर से बोल डाला। वह भी एक ऐसे दिन जिस दिन एक प्रेमी अथवा प्रेमिका अपने दिल की बात अपने पसंदीदा बन्दे या बंदी के सामने व्यक्त करता है।

दरअसल, यह दिन "वैलेंटाइन डे" था। हम लोग आपस में वैलेंटाइन डे के बारे में बातें कर रहे थे। जैसे की- यह दिन क्यों मनाया जाता है? इसके पीछे क्या राज है?

इसके बारे में बात करना अर्पिता ने ही शुरु किया था। यह मान लो की वह पूरी तैयारी के साथ आई हुई थी। उसने इस दिन के बारे में पूरा इतिहास रट रखा था। पहले तो उसने अंकुर से इस दिन के दूसरे नामों के बारे में प्रश्न किया। लेकिन अंकुर ने इसके बारे में नहीं में उत्तर दिया। उसने कहा की उसे इस दिन के बारे में कुछ नहीं पता है। जैसे ही अंकुर ने इस दिन के बारे में कहा की उसे इसके बारे में कुछ नहीं पता है। अर्पिता ने उसे "डफर"... ऐसा कह कर बुलाया। यार! कुछ तो जानकारी रखा करो। अंकुर ने कहा- "क्या करूँगा मैं... ऐसे दिन के बारे में जानकर, जिस दिन कुछ लोगों को तो अपना प्यार मिल जाता है तो वहीं उसी दिन कुछ लोगों का दिल भी टूट जाता है। वैसे भी कौन सा यह मेरी परीक्षा का भाग है। ऐसे फालतू दिन के बारे में जानकारी रखने का मुझे कोई शौक नहीं है।" तब अर्पिता ने कहा- "अच्छा ठीक है, मत जानो। चलो कोई नहीं, अगर तुम्हें नहीं पता तो मैं ही बता देती हूँ।"

"दरअसल, इस दिन को रोमांटिक हॉलिडे, संत वैलेंटाइन डे अथवा फीस्ट ऑफ़ संत वैलेंटाइन जैसे कई नामों से जाना जाता है। यह दिन प्यार और लगाव के लिए मनाया जाता है। यद्यपि, इस दिन को पब्लिक हॉलिडे घोषित नहीं किया गया है। फिर भी इस दिन को लगभग सभी देशों में मनाया जाता है और मनाया भी क्यों न जाए? प्यार करने वाले तो हर जगह होते हैं। इस दिन के बारे में ढेर सारी कहानियाँ प्रसिद्ध हैं। कई प्रारंभिक ईसाई शहीदों का नाम वैलेंटाइन था। १४ फरवरी को मनाया जाने वाला वैलेंटाइन डे, रोम के वैलेंटाइन और टर्नी के सम्मान में मनाया जाता है। इसी तरह से इस 'डे' को कई लोगों की जिंदगी से जोड़ा जाता है।"

वह प्यार भरी इस ज्ञानवर्धक कहानी को सुना ही रही थी की तभी अंकुर ने उसे बीच में टोका- "तुम यह सब हमें क्यों सुना रही हो?" अत्सर ने कहा- "अरे यार बोलने दो अच्छा ही तो बता रही है।" अंकुर ने कहा- "अरे... खाक अच्छा बता रही है। इसी प्यार की वजह से ना जाने कितने लोग निपट गए। प्यार में अब तक लोगों को दर्द के सिवाय मिला ही क्या है?" रिया ने अंकुर की बात को गलत ठहराते हुए कहा- "अरे... इसमें कहीं ना कहीं, उन दो प्यार करने वालों की भी तो गलती रहती है। आज के आशिक प्यार को 'दो जिस्मों का मिलना बताते हैं। जबकि प्यार वह खूबसूरत एहसास है, जो दो दिलों को जोड़ता है।"

रिया यह सब बोल ही रही थी की तभी अर्पिता ने पास के गमले में लगे गुलाब के फूल को तोड़ा और अंकुर से बोल दिया- "अंकुर तुम्ही मेरे प्यार हो। मेरे दिल में तुम्हारे लिए जो था, मैंने तुमसे बोल दिया है, अब आगे तुम्हारी मर्जी...।" अब मेरे पास मौका था की मैं अर्पिता को यह एहसास दिला सकूँ की अंकुर भी उसे बहुत पसंद करता था। अब भले ही मुझे उससे झूठ बोलना पड़ा की अंकुर ने कई बार तुम्हारे (अर्पिता) बारे में हम दोनों (अत्सर और तर्पण) से बात की है। यह तुम्हारी बहुत तारीफ करता है, ऐसा कहकर मैंने अत्सर की ओर देखा। जब तक अंकुर मना करता तब तक अत्सर ने भी बोल दिया की हाँ इसने कई बार तुम्हारी तारीफ की है। यह जान कर अर्पिता खुशी से झूम उठी। अंकुर ने अर्पिता के प्रपोजल को स्वीकार किया। रिया ने कहा- "चलो अच्छी बात है, कम से कम आज इसने अपने प्यार का इजहार तो किया। बहुत दिन से मेरा सर खा रही थी की अंकुर को कैसे प्रपोज करूँ? मेरे से पूछती रहती थी। हमेशा अंकुर-अंकुर रट लगाए रखती थी। लेकिन मैं इसकी हिम्मत की दाग देती हूँ की इसने बोल कैसे दिया? आठवीं कक्षा में एक लड़के ने इसका हाथ पकड़ लिया था, इस बात पर इसने चप्पल उठाकर उसके गाल पर धर दिया था। यह तो हमेशा प्यार के खिलाफ थी। इसका

मतलब अब मेरी बहन बड़ी हो गई है।” इस बात पर प्रिया ने थोड़ा सा हँस दिया। इस बात पर रिया ने कहा- “इसमें हँसने वाली बात क्या है...?”

रिया ने अर्पिता और अंकुर को ढेर सारी बधाइयाँ दी और एक दूसरे का साथ न छोड़ने के लिए कहा। अंकुर ने भी वादा किया की वह (रिया) जैसा कहेगी वैसा ही वह करेगा और अगर भविष्य में हम दोनों की शादी हुई तो यह मेरा तुमसे वादा है की मैं अपनी तरफ से अर्पिता को किसी तरह की दिक्कत नहीं आने दूँगा। रिया ने कहा- “शादी होगी का क्या मतलब? वह तो होना ही है। केवल तुम दोनों की नहीं इन दोनों (तर्पण और प्रिया) की शादी भी होगी।”

इसी बीच अंकुर ने कहा- “अब जब एक जोड़ा बच ही गया है, तो क्यों ना राधा का श्याम से मिलन भी हो जाए?” मेरा मतलब तुम्हारा (रिया) का अत्सर से...। लेकिन अत्सर ने कहा- “नहीं! रिया मेरी एक अच्छी दोस्त है। मैं इसके बारे में ऐसा नहीं सोच सकता।” इस बात पर रिया ने भी कोई आपत्ति नहीं जताया। उसने भी अत्सर का साथ दिया और अपनी दोस्ती को कभी न टूटने वाली दोस्ती का नाम दिया। तीन दोस्तों में से दो ने तो अपना-अपना लाइफ़ पार्टनर चुन लिया था।

एक तरफ हम दोनों (तर्पण और अंकुर) की कहानी तो अपने अंतिम पड़ाव पर थी ही, साथ ही साथ अत्सर के प्यार की कहानी भी धीरे-धीरे अपने कदम बढ़ा रही थी।

अत्सर पूरे समय कोचिंग में स्वास्ती को ही देखता रहता था। वह हमेशा क्लास में वही जगह बैठने के लिए ढूँढता था, जहां से स्वास्ती और बोर्ड दोनों एक सीध में हों। जिससे टीचर को पता भी ना चले की वह देख कहाँ रहा है... पता नहीं यह कैसा प्यार था? उसे उसके (स्वास्ती) सिवाय कुछ सूझता ही नहीं था। वह कोचिंग में तो स्वास्ती की ओर ही देखता रहता था और फिर घर आकर जो भी क्लास में पढ़ाया जाता था, उसे वह

हम दोनों से पढ़ लेता था। ऐसा वह इसलिए करता था, जिससे वह पूरे समय स्वास्ती को देख सके। वह कोचिंग में पूरे समय उसकी यादों में ही खोया रहता था। अगर हम लोग उससे पूछते की तुम ऐसा क्यों करते हो? तो वह हमेशा यही कहता- "यार! देखो... घर पर तो वह मेरे सामने होती नहीं, एक कोचिंग ही ऐसी जगह है, जहाँ मैं उसे ठीक से देख सकता हूँ। ...(साँस अन्दर लेते हुए) पता नहीं नसीब कैसा हो, मैं फिर कभी उसे देख भी सकूँ या नहीं। वैसे भी किस्मत का कुछ भरोसा नहीं है, कब किसे कहाँ ले जाएगी...।" इस बात को लेकर अंकुर ने उससे कहा- "जब ऐसी बात है, तो चलो जो भी तुम्हारे दिल में बात है, उससे जाकर बोल दो...।" लेकिन अत्सर हर बार यही बोलता- "सही समय आने दो, बोल दूँगा।" जब अत्सर ऐसा बोलता, तब अंकुर थोड़े गुस्से में आकर बोलता- "कब आएगा वह समय? कब से तुम्हें हम ऐसे ही देखते आ रहे हैं। तुम ना बोल सको तो बताओ, मैं ही जाकर बोल देता हूँ।" लेकिन वह उसे रोक देता था। वह कहता- "रुक जाओ इतनी जल्दी क्या है?"

...(अंकुर ने गुस्से में कहा) पकाते रहो तुम इसी तरह खयाली पुलाव, एक दिन कोई और आएगा, तुम्हारे सपनों को तोड़ कर चला जाएगा। तब तुम बैठकर मजे लेना। तब वह बोलता- "अरे कोई नहीं, कोई ना कोई तो होगा ही, इसके बारे में सोचकर मैं अभी से अपने दिमाग का दही क्यों करूँ?"

अँधेरा

"काना था वह, अरे वह कलूटा।
आँधर बन दौड़ा, सोन देख भक्षण को।।"

अपनी इस हल्की-फुल्की सी रोमांटिक कहानी के साथ ही साथ हमें जब भी मस्ती करने का मौका मिलता, हम लोग मस्ती करने से भी नहीं चूकते थे। हम लोग अपना एक भी पल ख़राब नहीं करते थे। क्लास में जब भी मस्ती करने का मौका मिलता था, हम लोग मस्ती करने में जुट जाते थे।

एक ऐसा ही दिन आया। उस दिन कोचिंग की लाइट अचानक गुल हो गई। रात का समय था। पूरी क्लास में अंधेरा सा छा गया। पीछे से सारे लड़कों ने हल्ला मचाना शुरु किया। अब जब आधी क्लास हल्ला मचा रही हो तो बाकी के शांत कैसे रह सकते हैं? देखते ही देखते पूरी क्लास ने हल्ला मचाना शुरु कर दिया। हम तीनों ने भी यही किया। इतने बड़े हाल में अगर एक परिंदा भी पंख फड़फड़ाए, तो कानों को आहट मिल ही जाती है। फिर जब हजार छात्र एक साथ शोर मचाएंगे, तो क्या होगा? वैसे भी कुछ पता तो चल नहीं रहा था की कौन क्या कर रहा है।

कुछ बैक-बेंचेर्स ने तो हद ही कर दी… “उन्हें जो लड़की पसंद थी, उसका नाम लेकर, ‘आई लव यू….’ ऐसा बोलना शुरु कर दिया।” हम लोगों ने अत्सर से भी बोलने के लिए कहा, लेकिन उसने मना कर दिया। उसने बोला की मैं अँधेरे में तीर चलाना पसंद नहीं करता। यह सब तो फालतू का शोर मचा रहे हैं। इनके अंदर इतनी हिम्मत तो है नहीं की सामने से जाकर बोल सकें।

अत्सर की इस बात पर अंकुर ने कहा- “हाँ! जैसे तुमने बहुत बड़े तम्बू गाड़ लिए हैं ना…।”

अत्सर ने कहा- “अरे तुम परेशान क्यों हो रहे हो? बोलूँगा… सही समय तो आ जाने दो और ऐसे अँधेरे में नहीं, मैं उससे यह बात रोड पर बोलूँगा, लेकिन अच्छे से…।”

“क्लास में लगभग दस मिनट के लिए अँधेरा छाया रहा। इसी बीच एक लड़के ने कुछ ज्यादा ही हद पार कर दी। क्लास में एक लड़की थी। वह बहुत खूबसूरत थी। उसकी वह हल्की नीली-नीली सी आँखें, उसके चेहरे पर लटकता हुआ उसके बालों का लट और उसका प्यारा सा चेहरा, उसकी ख़ूबसूरती को चार चाँद लगा रहा था। और तो और उसने अपने आप को इस तरह से फिट रखा हुआ था की पूछो मत…। वह भी ऐसी उम्र में, जब किसी को अपने शरीर के बारे में कोई खयाल ही नहीं होता। अब यह सब उसने खुद किया था या फिर प्रकृति प्रदत्त था, इसके बारे में किसी को कुछ खबर नहीं थी। यह सब तो ठीक था, भगवान ने भी जैसे बाकी के लड़कों के साथ ना-इंसाफी की हो। अरे ऐसा मैं ही नहीं, बल्कि क्लास के सभी लड़के भी बोलते रहते थे। कुछ ने तो यह भी कह दिया की भगवान बहुत बड़ा अत्याचारी है। उसने हम सब लड़कों के साथ बहुत ही जघन्य अपराध किया है। उसने एक लड़की को तो पटाखा बना दिया। अब यह तो एक के पास चली जाएगी और बाकी सब क्या करेंगे? तब बाकी लड़के एक दूसरे से बोलते- ‘करेंगे क्या? एक तो रसगुल्ले खा

लेगा, लेकिन बाकी सब बची हुई चासनी चाटेंगे।' सबसे बड़ी बात- उसकी ख़ूबसूरती का राज एक और वजह से था और वह है, उसके होंठों के पास का एक छोटा सा तिल, जो उसकी ख़ूबसूरती को और भी ज्यादा रोचक बना रहा था। जब वह पहले दिन क्लास में आई, सारे लड़के उसे घूरने में लग गए। मैं अत्सर के बगल में बैठा था। उसके दूसरी साइड में अंकुर बैठा हुआ था। इस तरह, मेरे एक साइड में अत्सर बैठा था तो दूसरी साइड में एक दूसरा लड़का बैठा था। उस लड़की ने जैसे ही क्लास में कदम रखा, वह बोलता है- 'यार अगर यह मुझे हाँ कर दे तो मैं सारी दुनिया छोड़ कर इसका बन जाऊँ।' उसकी यह बात सुनकर, अत्सर ने कहा- 'अभी तू अपने माँ-बाप का तो हो ही नहीं पा रहा है, किसी दूसरे का क्या होगा।' यह तू नहीं तेरे अंदर की कामुकता है जो तुझे ऐसा बोलने के लिए मजबूर कर रही है। तब उस लड़के ने कहा- 'क्या अत्सर भाई? ना तो आप हमें किसी लड़की के बारे में बोलने देते हो और ना ही खुद किसी से कुछ बोलते हो।' आपने तो एक को अपनी आँखों में बसा लिया है और उसी के बारे में सोचते रहते हो। हमें भी तो किसी के बारे में सोचने दो। ... अरे हाँ! क्यों नहीं? ...सोचो, मैंने कौन सा रोक रखा है, लेकिन इस तरह से...? क्लास में अंधेरा सा छाया ही था की तभी पीछे से आवाज आई, "ओ मेरी प्यारी परी! मैं तुमसे बहुत प्यार करता हूँ। तुम मुझे बहुत अच्छी लगती हो। क्या तुम मुझे अपना सैयाँ बनाना चाहोगी?" मैं तुम्हें फूल की तरह रखूँगा। यह सब चल ही रहा था की तभी आगे से आवाज आई... कौन है...कौन है...। तब तक लाइट भी आ गई।"

"क्लास की सभी लड़कियों के बीच में चहल-पहल मची हुई थी। सारी लड़कियाँ पीछे मुड़-मुड़ कर देख रही थी और एक ही बात बोले जा रही थी- 'कौन कर सकता है, ऐसी गंदी हरकत।' परी भी थोड़ी सी परेशान दिख रही थी। किसी को कुछ समझ में नहीं आ रहा था की आखिरकार हुआ क्या? तभी टीचर ने क्लास में एन्ट्री लिया। टीचर के

क्लास में आते ही, लड़कियों के बीच चहल-पहल बंद हुआ। टीचर ने आते ही फटकार लगाया- 'तुम सब यहाँ पढ़ने आए हो या फिर सिनेमा देखने।' बिजली तो हर जगह गुल होती है। इसका यह मतलब तो नहीं की तुम लोग इस तरह की हरकत करोगे।"

टीचर ने पढ़ाना शुरू किया, लेकिन परी अभी भी बार-बार पीछे मुड़-मुड़ कर देख रही थी। टीचर ने आखिरकार पूँछ ही लिया- "क्या हुआ तुम बार-बार पीछे मुड़-मुड़ कर क्या देख रही हो, कुछ खो गया है क्या?" परी ने कहा- 'नहीं सर...।' टीचर ने कहा- 'फिर अपना काम करो।' उन्होंने उलटा उसे ही फटकार लगा दी और बोले भी क्यों ना? उसने बार-बार पीछे देखने का कारण भी तो नहीं बताया था।

अचानक मेरी नजर मेरे साइड में बैठे लड़के के चेहरे पर पड़ी। उसके होंठों पर परी के चेहरे पर लगे मेकअप का एक छोटा सा निशान था। जो बहुत ही बारीकी से देखने पर दिख रहा था। मैं उसे थोड़ी देर तक घूरता रहा। तभी उसने लड़खड़ाती हुई आवाज में कहा- 'भाई तुम मुझे क्या देख रहे हो, मैंने कुछ नहीं किया है। मैं बहुत शरीफ़ लड़का हूँ।' उसकी इस बात से यह तो पता चल गया था की सब कुछ उसी का किया कराया था। क्लास पूरी होने के बाद, जब हम लोग बाहर आए तो बाहर खड़ी लड़कियों के एक ग्रुप में कुछ वाद-संवाद चल रहा था। एक लड़की ने कहा- 'यार! ऐसे कोई कर सकता है?' कुछ तो जानकर खुश हो रहीं थी और कुछ इस तरह से खफा थी, मानो उनके अंदर की 'रानी लक्ष्मी बाई' जाग गई हो। तभी एक ने कहा- "यार! काश उसने मेरे गालों पर 'किस' किया होता।" इतना सुनते ही हमारी आँखें खुली की खुली ही रह गईं।

पूरी बात जानने के बाद, मैंने उस लड़के को खोजना शुरू किया। लेकिन वह तो तब तक वहाँ से जा चुका था। बाद में अत्सर और अंकुर ने मेरे से पूछा की क्या हुआ था? ...उस लड़की के साथ। तब मैंने सारी बात

दोनों को बताया। पूरी बात सुनने के बाद अत्सर और अंकुर दोनों ने एक सुर में कहा- "लोफ़र साला"। उसके बाद हम लोग वहाँ से चले गए।

वैसे अगर एक तरीके से देखें तो वह लड़का बहुत हिम्मती भी था और अगर दूसरे तरीके से देखें तो उसके जैसा डरपोक इस दुनिया में कोई नहीं होगा। अरे अगर कुछ बोलना या करना ही था तो उससे सीधे जाकर बोल देता। क्या मिला उसे ऐसा करके? उलटा उसकी इस हरकत से वह लड़की परेशान ही हुई। हिम्मत तो थी नहीं की सामने से जाकर कुछ बोल देता। ऐसा करने से, कौन सा वह लड़की उसे मिल गई। उसका यह राज, राज ही रह गया। वह कभी किसी से बोल भी नहीं पाया की यह कांड उसने ही किया था। उस बात को हम सब ने वहीं दफन कर दिया क्योंकि इस बात को आगे बढ़ाने का कोई मतलब भी नहीं था। अगर हम इस बात को किसी और से कहते भी तो उस लड़के की जान सलामत ना रहती और यह बात अगर ऑफिस तक पहुँच जाती तो उसे कोचिंग से निकाल भी दिया जाता। हमें हमेशा से यही सिखाया गया है की अगर हम किसी का भला नहीं कर सकते तो उसका बुरा करने का भी हमें कोई हक नहीं है। इसलिए हम लोगों ने इस राज को राज ही रखना पसंद किया।

कोचिंग में हम तीनों और उस लड़के के सिवाय किसी को नहीं पता था की उस लड़की के गाल पर, अंधेरे में 'किस' किसने किया था। हाँ! घर आकर अत्सर ने यह बात रिया को ज़रूर बताया था, क्योंकि वह किसी की कही हुई बात कभी किसी से नहीं कहती थी और रिया ने खुद अत्सर को यह बात किसी से ना बताने के लिए कहा था।

खैर हमें क्या करना इन सब से...। कई बार हमने क्या... आपने भी सुना होगा की "बड़े-बड़े शहरों में तो ऐसी छोटी-छोटी घटनाएँ होती रहती हैं।" चलो कोई नहीं, "रात गई बात गई, राजा के घर से रानी के

घर, राजा की बारात गई।" हाहाहाहा...। अब यह बात तो वहीं ख़त्म हो गई।

सब कुछ अच्छा चल ही रहा था की एक दिन उसी सप्ताह के अंतिम दिन यानी की शनिवार को एक लड़के ने फिर एक हरकत कर दी।

दरअसल, यह बात है बजरंगी नाम के एक नालायक लड़के की है। क्लास का सबसे बदमाश छात्र। वह आए दिन क्लास से निकाल दिया जाता था। उसे लड़कियों को चिढ़ाने में बहुत मजा आता था। उसने अपने आगे की शीट पर बैठी लड़की का बाल खींच दिया और जैसे ही उसने यह हरकत की टीचर ने उसे देख लिया। फिर क्या था, अब पूरे कोचिंग में हड़कंप मच गया, अंतिम निर्णय यह आया की इस लड़के को कोचिंग से निकाल दिया जाए। लेकिन लड़की ने कहा- 'कोई नहीं सर, जाने दीजिये यह सब तो फालतू के लोग हैं, इनके पास कोई काम तो होता नहीं, इसलिए ऐसी हरकत करते रहते हैं।' इस बार तो कोचिंग के संचालक (छरछर प्रसाद तुंगशेर) ने उसे सख्त हिदायत देकर छोड़ दिया। लेकिन लड़के तो लड़के होते हैं और अगर बात किसी बिगड़े हुए लड़के की हो तो फिर पूछो मत...। उसी दिन लास्ट में उसने एक दूसरी लड़की को कुछ गंदे तरीके से छेड़ दिया। उस गधे को यह नहीं पता था की हर लड़की एक जैसी नहीं होती। इस बार ना तो कोचिंग की तरफ से उसे छोड़ा गया और ना ही उस लड़की ने उसे बचाया। इस बार उसे कोचिंग से निकाल ही दिया गया। यह एक तरह से, ऐसे मनचलों के लिए एक सबक था, ऐसा तुंगशेर क्लासेज की सारी लड़कियाँ बोल रही थीं।

माँ-बाप से दूर

बचपन की कहानियाँ, वो लोरी की मिठास।
आज भी गूँजती है कानों में, उनकी वही आवाज़।।

एक बार फिर से हम लोग शनिवार को अंकुर के घर पर एकत्रित हुए। यह फ़रवरी महीने का अंतिम शनिवार था। इस बार फिर हम लोगों ने रविवार के दिन पार्टी करने का प्लान बनाया। लेकिन पहले अपना कोचिंग का काम पूरा करने के बाद।

कोचिंग से आने के बाद हम लोग अपने-अपने रूम पर गए। कोचिंग का जो भी काम था, उसे पूरा करने के बाद, शाम को अंकुर हमारे रूम पर आया। उस समय हम लोग अपने लिए कुछ खाने का इंतजाम कर रहे थे। ...अरे हाँ! खाने से याद आया...। यार! यह छात्र जीवन भी ना, बहुत ही ज्यादा जटिल होता है। हम लोग हमेशा से टीवी सीरियल में, फिल्मों में, यहाँ तक की न्यूज़ में भी देखते आ रहे हैं कि फ़लाने लड़के ने इस परीक्षा में प्रथम, या फिर फले खेल में फला पुरस्कार अर्जित किया है। लेकिन अगर हम बात करें उस लड़के की, मेरा मतलब उन ज्यादातर लड़कों से है जो किसी शहर में अजनबियों की तरह आते हैं और किसी

खड़ूस मकान-मालिक के घर कमरा किराए पर लेकर अपने प्रतियोगी परीक्षाओं की तैयारी में लग जाते हैं। इनमें से कुछ तो सफल हो जाते हैं, लेकिन कुछ बिना सफल हुए ही अपने माता-पिता के भावनाओं के शिकार बन जाते हैं। भावनाओं के शिकार से मतलब है, उनकी शादी कर दी जाती है। हाँ! अब यह शिकार ही तो माना जायेगा ना...। बंदा! कई सालों तक तैयारी करता है, नौकरी नहीं मिली तो उसकी शादी कर दी जाती है। वैसे भी इस मामले में लड़का भी कुछ नहीं बोलता क्योंकि बात आ जाती है, उसके माता-पिता के इज्जत की...। अरे... यह बात मैं नहीं बोल रहा, ऐसा वह लोग बोलते हैं, जिनके साथ ऐसी घटना घटित होती है। ऐसा वह इसलिए बोलते हैं, जिससे लोग यह समझें की लड़का पढ़ना तो चाहता था, लेकिन क्या करे, वह बेचारा भी मजबूर था। आखिरकार, उसे अपने माता-पिता के इज्जत का भी तो ख्याल रखना था। अरे... आप खुद सोचो, जब तक आप नहीं चाहोगे आपसे कोई किसी तरह की ज़बरदस्ती कैसे कर सकता है? इस मामले में मैं तो यही बोलूँगा की लड़के को खुद लड्डू खाने का मन था, अब भले ही उसे पता था की लड्डू खाने से उसका पेट ख़राब हो जायेगा। अब रही बात पेट ख़राब होने के बाद दवा खाने की तो, कोई नहीं, केमिस्ट की दुकान पर एक रुपये का टेबलेट तो मिल ही जायेगा। चलो कोई नहीं गाँव में केमिस्ट की दुकान ना सही, लेकिन दादी के हाथ से बना हुआ देशी बालम खीरा चूरन तो मिल ही जाएगा। कुछ ऐसी ही सोच के साथ, लड़का सारी बात जानते हुए भी शादी का लड्डू खा लेता है। वैसे भी आप खुद ही सोचो किसी भूखे शेर के सामने मास डाल दो और फिर उसे जाल में बाँध दो तो उस समय उसकी हालात क्या होगी...। वैसे ही! यह शादी वाला फंदा भी है। वैसे मुझे नहीं लगता की मुझे इस बात को ज्यादा विस्तार से बताने की जरूरत है। क्योंकि, एक ना एक दिन इस दुनिया में रहने वाला लगभग हर इंसान इस सच्चाई का सामना करता है। हाँ यह है

की अलग-अलग देशों में शादी के इस लड्डू को अलग-अलग तरीके से खाया जाता है और उसे ऐसा करना भी पड़ेगा नहीं तो उसकी हालत उसी तरह होगी जैसे किसी जंगल में ऊँचे पेड़ हों और उस जंगल में एक खरगोश बेचारा भूखे मर रहा है।

अरे बातों ही बातों में, मैं कहाँ से कहाँ पहुँच गया। हम लोग खाने के बारे में बात कर रहे थे।

दुर्शन में किराए पर रह रहे किसी लड़के से पूछा जाए की, 'और बताओ खाना पीना हो गया?' इस प्रश्न का उसके पास एक ही जवाब होता है- 'हाँ हो गया...।' मुझे लगता है इस प्रश्न के लिए सबके पास यही उत्तर होता है। लेकिन इस उत्तर में एक बात छिपी होती है। जिस समय लड़का उत्तर दे रहा होता है, उस समय अगर आप उसके चेहरे को ध्यान से देखें तो आप जिंदगी भर किसी छात्र से इस तरह का प्रश्न नहीं करेंगे। चलो यह तो ठीक है। यह तो खाना-खाने या ना खाने की बात थी। इसका जवाब तो उसने थोडा दुखी मन से दे दिया। लेकिन दुर्शन में किराए पर रह रहे किसी लड़के से गलती से अगर यह पूछ लिया जाए की 'आज खाने में क्या बनाया था?' इस प्रश्न का उत्तर सुनने के बाद आप यही समझोगे की दुनिया में आपसे ज्यादा भाग्यशाली कोई नहीं होगा। खासकर यह बात उन छात्रों के लिए है, जो अपनी फ़ैमिली के साथ रह रहे हैं। क्योंकि इस प्रश्न का उत्तर छात्र बड़ी ही दर्द भरी आवाज में देता है। उस समय उसकी आवाज में दर्द तो होता ही है, साथ ही साथ गुस्सा भी होता है। अगर गलती से किसी ऐसे लड़के ने प्रश्न कर लिया, जो अपने मम्मी-पापा के पास रह रहा है तो फिर उसे खरी-खोटी ना सुनना पड़े, ऐसा हो ही नहीं सकता। क्योंकि इस प्रश्न का उत्तर लड़का बड़े बेढंगे तरीके से देता है। अरे खुद ही सोचो, किसी चोट खाए हुए इंसान से अगर यह प्रश्न करोगे की, "चोट लग गई क्या?" तो सोचो उसकी हालत क्या होगी। अब ऐसे प्रश्न का उत्तर तो वह टेढ़े मुँह से ही देगा ना...। इसी

तरह से खाने से सम्बंधित उस प्रश्न पर भी लड़का एक ही जवाब देता है ...अरे नहीं भाई, मैं तो तुम्हारी भाभी के हाथ से बना हुआ खीर खाकर आ रहा हूँ...।

यार! तुम भी कमाल कर रहे हो, सब को पता है कि दुर्शन में रूम लेकर रह रहा हर छात्र एक ही खाना पकाता है और वह है "देशी पुलाव अथवा दाल-चावल"। यह सबसे सस्ते और टिकाऊ देशी पकवानों में से हैं। ऐसा उन छात्रों का कहना होता है। रोटी के दर्शन किए हुए तो उन्हें महीनों बीत जाते हैं।

अरे हाँ! हम बात कर रहे थे अंकुर के बारे में... अंकुर ने आते ही इसी तरह का प्रश्न पूछ डाला, "क्या हो रहा भाई?" अब अत्सर कहाँ शांत रहने वाला था, उसने भी टेढ़े मुँह जवाब दे दिया, "भाई हम लोग तो बारात में नाच रहे हैं।" आओ तुम भी शामिल हो जाओ। यह तो ठीक था, फिर उसके बाद यह बोलने की क्या जरूरत थी- "अच्छा, खाना पका रहे हो क्या?" फिर क्या था, अत्सर की तरफ से जवाब आया, "नहीं भाई, हम लोग तो मसाज कराने के लिए मसाज पार्लर में बैठे हुए हैं।"

चरखा पांडे

वाचालों की दुनियाँ में था, वह शांत शब्द का माली।
अद्भुत अक्षम्य दृश्य था, जब थी वह उसके मन की रानी।।

अंकुर और अत्सर के बीच खाने को लेकर वाद-विवाद हो ही रहा था कि तभी हमारे मकान मालिक के बेटे "चरखा" भाई साहब ने एंट्री ली। उनकी एक आदत थी, वह जहाँ भी जाते अपना गैस का सिलेंडर साथ लेकर जाते थे और इस गैस सिलेंडर में एल.पी.जी. नहीं, 'मानवीय बायो गैस' भरी होती थी।

चरखा पांडे जी ने आते ही अपना बदबूदार गैस का सिलेंडर खोल दिया। अब क्या था, पूरे रूम में गैस ही गैस फैल गई। इसीलिए, जब अत्सर को पता चलता की चरखा जी आ रहे हैं, तो वह पहले ही कमरे में अगर बत्ती जला देता था। पांडे जी आते ही बोलते- "अरे वाह! क्या खुशबू है।" इतना बोलने में उनकी इतनी ऊर्जा खर्च होती की पीछे से गैस सिलेंडर का ढक्कन अपने-आप खुल जाता था। चरखा जी के घर में, उनके मम्मी-पापा के अतिरिक्त कोई और भी था, जो बहुत ही खास था। अब एक नौजवान लड़के के लिए खास कौन होता है, यह तो सब को

पता होता है। वैसे एक बात तो थी, चरखा पांडे जी बहुत सीधे-साधे इंसान थे, 'बिल्कुल गाय जैसे।'

अब जब भी चरखा पांडे जी आते, मैं उनसे एक ही प्रश्न पूछता, 'और बताइए पांडे जी, आस्था जी! का क्या हाल है?' यह सुनकर पांडे जी उलटे पाँव भागने की कोशिश करते, लेकिन उनकी किस्मत इतनी खराब थी की जब भी चरखा जी आते उस समय अंकुर वहाँ ज़रूर उपस्थित रहता था। वह पांडे जी को पकड़ लेता और हम दोनों को बाहर निकलने के लिए कहता। अंकुर, पांडे जी को उनके द्वारा छोड़े गए गैस के साथ अंदर बंद कर देता था। अब पांडे जी चिल्लाते रहते लेकिन अंकुर था की दरवाज़ा ही न खोलता और वह तब तक दरवाज़ा न खोलता जब तक की पांडे जी यह ना बोल देते- "भाई दरवाज़ा खोलो, अब हवा शुद्ध हो गई है।"

दरअसल, आस्था पांडे, चरखा पांडे की बहन थी। उनकी कहानी भी कम रोमांटिक नहीं थी। उनके पीछे मोहल्ले के सारे लड़के पागल थे। हों भी क्यों ना, आस्था जी थी ही इतनी खूबसूरत। लेकिन कुछ भी हो, पांडे जी थी बहुत संस्कारी।

उस बेचारी लड़की को लुख्खों की नजर से अपने-आप को बचाने के लिए घर के अंदर ही कैद रहना पड़ता था। मोहल्ले के एक दो लुख्खे, आस्था जी के प्यार में पागल भी थे। लेकिन पांडे जी के पिता जी ने उनके सपनों को सच नहीं होने दिया। चरखा पांडे जी जब भी आते, कुछ ना कुछ खाने के लिए ज़रूर लेकर आते थे। यह सब उनकी बहन, आस्था पांडे जी भेजती थीं। अरे भाई, मेरे लिए नहीं, वह यह सब अत्सर के लिए भेजती थीं। दरअसल, आस्था पांडे का भी दिल अत्सर भाई साहब पर अटका हुआ था। कभी-कभी तो हमें इस बात को लेकर अत्सर से जलन भी होती थी। लेकिन कुछ भी हो अत्सर तो अपना ही दोस्त था। उससे बैर रखना हमारे लिए अच्छी बात नहीं थी। लड़कियाँ उसकी फैन हो भी

क्यों ना? वह जिस भी लड़की से बात करता, बड़े प्यार से बात करता था। और तो और वह पहली बार में ही लड़की को दोस्त भी बना लेता था। जहां एक तरफ रिया उसकी एक अच्छी दोस्त थी, वहीं दूसरी तरफ आस्था भी उसकी एक अच्छी दोस्त ही थी, बिल्कुल हमारी तरह...। और हो भी क्यों ना? अत्सर जिससे भी कोई रिश्ता जोड़ता, उसे अच्छी तरह से निभाता भी था।

चरखा पांडे को 'चरखा पांडे' बुलाने की वजह, उनकी बड़ी-बड़ी हांकने की आदत थी। देखने में भले ही वह सीधे-साधे थे, लेकिन वह जब हांकना शुरु करते तो फिर जल्दी बंद नहीं होते थे। वही फालतू की बातें कि हम पांडे हैं, हमारे पास यह है, वह है...। ऐसी ही ढेर सारी बकवास...। वैसे तो उनका असली नाम, 'खजुहर पांडे' था। इसकी वजह थी की वह जब छोटे थे, तब उन्हें हमेशा खुजली करने की आदत थी। अरे भाई... खुद की खुजली नहीं बल्कि यह खुजली वह गाय-भैंस की करते थे। यही वजह थी की उनके बाबा जी ने उनका नाम 'खजुहर पांडे' रख दिया था। गाँव में जब कभी कोई भैंस या गाय खुजली करने लगती और वह पत्थर में रगड़ना शुरु करती, तब उस समय उन्हें ही बुलाया जाता था। उनका हाथ लगते ही भैंस खुजली करना बंद कर देती थी। पता नहीं उनके हाथों में क्या जादू था। यह काम उन्होंने १० साल की उम्र में ही शुरु कर दिया था।

चरखा पांडे जी कहानियाँ भी बहुत सुनाते थे। वह जब भी गाँव से वापस आते हमारे लिए एक-दो कहानी ज़रूर अपने साथ लेकर आते थे।

इस बार भी पांडे जी ने एक नई कहानी सुनाया। कहानी भी बड़ी मजेदार थी। उन्होंने बताया की उनके गाँव में एक मिश्रा जी थे। मिश्रा जी के दो बेटे थे। मिश्रा जी के पिता जी बहुत धनी थे। उनके पास काफी जमीन जायदाद थी। वह गाँव के नामी अमीरों में से थे। मिश्रा जी अपने माता-पिता के इकलौती संतान थे। इसलिए, घर में उनका मान-सम्मान

कुछ ज्यादा ही था। बचपन से ही मिश्रा जी खाने-पीने में अव्वल थे। उनके खाने-पीने की कहानियाँ आस-पास के गाँव में बहुत प्रसिद्ध थीं। मिश्रा जी जब तक तो छोटे थे, तब तक तो ठीक था। वह अपने माता-पिता द्वारा दी गई चीजें ही खाते थे। उनका जो मन करता अपने मम्मी-पापा से जिद करके ले लेते थे। वैसे भी अपनी इकलौती औलाद को कोई क्यों रोकेगा? ऐसा ही, मिश्रा जी के साथ भी था। उनकी कहानी कुछ ऐसी है...

जब मिश्रा जी दसवीं कक्षा में थे, तो एक बार किसी गाँव के बारात में वह भी अपने साथियों के साथ गए। वहाँ खाने-पीने का अच्छा प्रबंध था। मिश्रा जी अपने सभी दोस्तों के साथ कतार में बैठे हुए थे। वह लोग आपस में बात-चीत कर रहे थे, तभी उनके एक दोस्त ने सब के सामने एक शर्त रख दिया की जो आज सबसे ज्यादा पूरी खाएगा उसे सबसे कम पूरी खाने वाला, यादव की दुकान से भरपेट गोलगप्पे खिलाएगा। फिर क्या था, मिश्रा जी ने खाना खाना शुरू कर दिया। उनके पास तो अच्छा-खासा अनुभव भी था। लगभग आधे घंटे की कड़ी मेहनत के बाद, मिश्रा जी ने 50 पूरियाँ खा ली। लेकिन मिश्रा जी का पेट भी कम नहीं था। इतनी पूरियाँ खाने के बावजूद मिश्रा जी अभी भी छाती चौंड़ी करके चल रहे थे। इतनी पूरियाँ खाने के बाद भी मिश्रा जी का पेट अभी भी चिपका का चिपका ही था।

दरअसल, मिश्रा जी बचपन से ही ज्यादा खाना-खाने वाले इंसान थे। उनकी माँ तो कभी-कभी खाना बनाते-बनाते परेशान हो जाती थी। ऐसी ही उनकी एक कहानी है कि एक बार, मिश्रा जी की माँ ने खाना पकाया और मिश्रा जी के घर पर ना रहने की वजह से खाना वैसे का वासा ही रख दिया जैसा खाना पककर तैयार हुआ था। अभी ना तो उनकी माँ ने खाना खाया था और ना ही उनके पापा ने खाना खाया था। मिश्रा जी जब खेल-कूद कर वापस आए तो उन्होंने अपनी माँ से खाना

लाने के लिए कहा? लेकिन उनकी माँ उस समय घर का कुछ काम करने में व्यस्त थी। इसलिए, उन्होंने मिश्रा जी को खुद खाना लेने के लिए बोल दिया। मिश्रा जी अंदर गए और तीन लोगों के लिए बना खाना धीरे-धीरे करके खुद ही खा गए। जब उनके बाहर आने में ज्यादा समय लगा तो उनकी माँ खुद अंदर गईं। अन्दर जाकर उनकी माँ ने देखा कि मिश्रा जी खाना-खाकर पास में पड़ी एक चारपाई पर आराम से लेटे हुए थे। इतने में उनके पिता जी भी आ गए। अब उनके पिता जी के लिए खाना परोसने के लिए, जब उनकी माँ रसोई में गईं तो उन्होंने सारा बर्तन खाली पाया। तब उन्होंने इसके बारे में मिश्रा जी से पूछा, मिश्रा जी ने कहा- 'वो तो उन्होंने खा लिया।' अब उनकी माँ भी परेशान हो गईं। उनके माता-पिता को पता चल गया था कि उनका बेटा कितना खब्बू है। धीरे-धीरे एक दिन उन्हें उस बारात की बात भी पता चली। अब तो उनका संदेह भूत-प्रेत की ओर होने लगा। उन्हें लगा उनके बेटे के अंदर कोई भूत घुस गया है। उसी की वजह से वह इतना खाना खा रहा है। इसलिए, वे गाँव के कुछ पाखंडियों के पास भी गए। चलो अच्छा तो यह था की उन पाखंडियों ने भूत-प्रेत की बात को गलत ठहराया। लेकिन कुछ भी हो मिश्रा जी तो अपने माता-पिता के इकलौती संतान थे, इसलिए उनकी चिंता तो उन्हें होनी ही थी। लेकिन, अब वह कर भी क्या सकते थे। इसलिए उन्होंने उस दिन से उन्हें कभी ना तो खुद खाना निकालने के लिए कहा, ना ही कभी बारात में जाने के लिए कहते थे।

अभी वह शर्त बाकी थी, जो उनके दोस्त ने सब के सामने रखा था। इत्तिफ़ाक़ से, जिसने शर्त रखा था, उसी ने सबसे कम खाया। अब बारी आई उस शर्त को पूरा करने की, दोनों लोग पहुँच गए, गाँव के मध्य में स्थित चौराहे पर, यादव जी के ठेले के पास। वहाँ जाकर उनके दोस्त ने यादव जी को कहानी सुनाई तो यादव जी जोश में आ गए। उन्होंने भी शर्त रख दी की भले ही मिश्रा जी ने 50 पूरियाँ खा ली हो लेकिन यह मेरे

गोलगप्पे 20 से ज्यादा नहीं खा पाएंगे। अब मिश्रा जी ने भी बोल दिया-
'अगर खा लिया तो?' यादव जी ने कहा- "तो, यह पूरे गोलगप्पे आप के
हो जाएंगे। यह सारे गोलगप्पे मैं आपको खिला दूंगा।" मिश्रा जी के
दोस्त ने यादव जी को रोका भी, लेकिन यादव जी ठहरे यादव जी, वह भी
पीछे हटने वालों में से नहीं थे। उन्होंने खिलाना शुरु किया। देखते ही
देखते मिश्रा जी ने बहुत जल्द 20 गोलगप्पे खा लिया। अब यादव जी
लगे नाक रगड़ने...। अरे भाई अब बस करो, यार! मैं लुट जाऊँगा। मैंने
नहीं सोचा था, तुम कई दिनों से भूखे हो...। लेकिन मिश्रा जी ने कहा-
नहीं! अब आप अपना वादा पूरा करो। अब यादव जी को अपना वादा
तो पूरा करना ही था। उन्होंने फिर से मिश्रा जी को गोलगप्पे परोसना शुरु
किया। देखते ही देखते मिश्रा जी पूरे गोलगप्पे खा गए। अंततः यादव
जी के आँख में आँसू तक आ गए। आए थे पैसा कमाने, खाली हाथ लौट
गए। यादव जी जब घर गए तो उनकी पत्नी ने उन्हें जमकर फटकार
लगाई। लेकिन यह अच्छी बात थी की मिश्रा जी के पिता जी को जब
यह बात पता चली तो उन्होंने यादव जी के जो भी पैसे बनते, उन्हें दे दिये
थे।

कुछ लोग कहते हैं की इसी चिंता में मिश्रा जी के पिता जी की मौत
हो गई थी। उनके पिता जी के जाने के बाद उनके माँ का भी निधन हो
गया था। बड़े लाड़-प्यार से उनके माँ-बाप ने उन्हें पाला-पोसा था। उन्हें
क्या पता था की उनके घर बेटा नहीं, शैतान पैदा हुआ था। माता-पिता
के जाने के बाद, मिश्रा जी का अंधाधुन खाना-खाने का यह कार्यक्रम
जारी रहा। धीरे-धीरे करके मिश्रा जी ने अपने पिता की दी हुई अमानत
को बेचना शुरु कर दिया। मिश्रा जी की पत्नी भी इसी चिंता में सूखकर
मिर्ची हो गई थीं। ऐसा भी नहीं की मिश्रा जी इतना खाते थे तो अच्छे-
खासे तगड़े इंसान होंगे। वह भी सूखे हुए छुहारे की तरह थे। उनकी बीवी
भी आए दिन उन्हें भला-बुरा कहती रहती थी। लेकिन मिश्रा जी पर इन

सब बातों का कोई असर नहीं पड़ता था। जब तक मिश्रा जी के दोनों बेटे छोटे थे, तब तक तो ठीक था। मिश्रा जी अपने पिता की दी हुई अमानत को बेचकर आराम से खा-पी रहे थे। एक दिन ऐसा आया की मिश्रा जी गाँव के गरीबों की गिनती में आने की कगार पर आ गए। तब तक उनके दोनों बेटों की भी शादी हो चुकी थी और उनके भी छोटे-छोटे उत्पाद (बच्चे) बाजार में आ गए थे। बड़े बेटे ने बाप की यह हालत देखकर उनसे दूरी बना ली और अपने हिस्से का सारा धन लेकर अपने बीवी-बच्चों के साथ अलग रहने लगा। अब वह अलग जीवन यापन करने लगा। लेकिन छोटे बेटे ने अपने माँ-बाप के साथ ही रहना पसंद किया। बड़े बेटे के अलग होने के बाद, मिश्रा जी ने भी अपना खाना-पीना कम कर दिया। वैसे भी अब उनकी उम्र भी ढलने लगी थी। उनके छोटे बेटे के तीन बेटे थे। मिश्रा जी की दो बेटियां भी थी। मिश्रा जी ने अपनी बेटियों की शादी तो अच्छे घर में कर दिया था। छोटे बेटे के तीनों बेटों का नामकरण मिश्रा जी ने ही किया था। उन्होंने अपने बड़े नाती का नाम 'पंटो' रखा था। यह तो ठीक था, लेकिन बाकी दो नातियों के नाम उन्होंने 'ख़ोर्राना' और 'जुगड़ू' रखा था।

कुछ इसी तरह की कहानियों से, चरखा पांडे जी हमारा मनोरंजन कराते थे। अब इन कहानियों में कितनी सच्चाई थी, इसके बारे में हमें कुछ नहीं पता था। तो कुछ इस तरह से चरखा पांडे जी जब भी आते थे तो अपनी ऊट-पटांग की कहानियों से हमारा मनोरंजन कराके ही जाते थे। यह सब तो छोड़ो, मुझे सबसे अच्छा लगता था की जब भी वह आते अपनी बहन के हाथ का बना हुआ, कुछ ना कुछ लेकर आते थे। अब वह भले ही केवल अत्सर के लिए ही आता हो, खाते तो हम (तर्पण और अंकुर) लोग ही थे। अत्सर तो बस थोड़ा सा चख लेता था।

सगाई

सगाई का यह दिन है ख़ास,
खुशियों का होगा हर पल उल्लास।

शनिवार का दिन तो था ही, हम लोगों ने पहले से ही अपना सारा काम पूरा कर लिया था। मैंने और अत्सर ने मिलकर लगभग आधे घंटे की कड़ी मेहनत के बाद थोड़े से चावल और कुछ सब्जियाँ वगैरह मिलाकर, 'मिक्स भात' बना लिया था। जिसे हम लोग देशी पुलाव कहते हैं। हम लोग धीरे- धीरे पुलाव भी बनाने में लगे थे और साथ ही साथ चरखा जी की कहानी का आनंद भी ले रहे थे। वैसे भी पुलाव बनने में आधे घंटे थोड़ी ना लगते हैं, यह तो चरखा पांडे की कहानी की वजह से ऐसा हुआ था।

पुलाव बनकर तैयार हो गया। चरखा पांडे जी ने विदा लेने के लिए कहा।। अत्सर ने उन्हें रोकने की नाकाम कोशिश की, लेकिन चरखा पांडे जी यह कहकर चले गए कि उन्हें जल्दी घर वापस जाने के लिए बोला गया था।

चरखा पांडे जी चले गए। हम लोग अपनी देशी पुलाव की पार्टी करने बैठ गए। अंकुर ने कुछ नमकीन वगैरह लाने के लिए कहा। वह नमकीन लाने के लिए जा ही रहा था, लेकिन अत्सर भाई साहब तो दोस्त पर जान छिड़कते ही थे। वह बोले, अरे नहीं तुम लोग बैठो, मैं लेकर आता हूँ।

अत्सर भाई साहब नमकीन लेकर आए। देशी पुलाव और नमकीन का मिश्रण खाना हमें अंकुर ने ही सिखाया था। इन दोनों के मिश्रण का टेस्ट भी अच्छा होता है और साथ ही साथ अगर थोड़ी सी चटपटी चटनी भी हो तो देशी पुलाव और भी टेस्टी हो जाता है।

हम लोगों ने एक बड़ी सी थाली में देशी पुलाव को निकाला और तीनों एक साथ खाने के लिए बैठ गए। इसी बीच अंकुर ने मेरे और प्रिया के बीच हुई उस रात की घटना को छेड़ दिया। उसका कहना था की अगर उस दिन प्रिया वहाँ ना आती तो हमें सिलेक्शन के जस्ट बाद शादी करने का फैसला ना लेना पड़ता। इस बात पर मैंने बोल दिया- कोई नहीं तुम्हें इसकी चिंता करने की कोई जरूरत नहीं है, मुझे तो प्रिया से शादी करना ही होगा। क्योंकि मैंने प्रिया से वादा किया है। सबसे बड़ी बात तो यह है की प्रिया के मम्मी-पापा बहुत अच्छे हैं। मैं उन्हें धोखा नहीं दे सकता हूँ। तब अंकुर ने कहा- 'तो क्या तू अपने पापा के पैसे पर प्रिया को खाना खिलाएगा?' अंकुर की यह बात भी सच थी। अब इसके लिए मुझे कुछ ना कुछ तो करना ही था। लेकिन अब मैं कर भी क्या सकता था? अब हमारी इस समस्या का समाधान अत्सर ही कर सकता था और उसने किया भी। उसने कहा- 'एक काम करो, तुम लोग सेलेक्शन के बाद सगाई कर लेना और शादी नौकरी लगने के बाद कर लेना।'

अरे भाई! यह शादी करने का फैसला हम लोगों ने ऐसे ही नहीं कर लिया था। यह फैसला प्रिया के घर वालों ने ही लिया था। क्योंकि उन्हें मेरे और प्रिया के बारे में पता चल गया था। उन्हें यह बात अंकुर के नीचे

के फ्लोर पर रह रहे, एक बंदे ने बताया था। उस रात जब प्रिया आई थी, तब उस लड़के ने उसे आते हुए देख लिया था। उसे संदेह भी ना होता की प्रिया वहाँ आई भी थी। अगर उसने प्रिया के आने के बाद, अत्सर और अंकुर को छत पर जाते ना देखता। वह प्रिया के पापा को इसकी खबर देता भी ना, अगर वह उसका दीवाना ना होता तो...। वैसे भी छोटे शहरों में लोग एक छोटी सी बात को बढ़ा चढ़ाकर बोलने में माहिर होते हैं। क्योंकि उन्हें दूसरों की खिल्लियाँ उड़ाने में मजा जो आता है।

प्रिया, रिया जितनी खूबसूरत तो नहीं थी, लेकिन फिर भी उसके भी चाहने वाले कम नहीं थे।

अब बात यह थी की सगाई के बारे में प्रिया के पापा से बोलता कौन? वह तो सीधे शादी पर अड़े हुए थे। वह तो हम दोनों की शादी कराने में लगे हुए थे। क्योंकि बात पूरे मोहल्ले में फैल गई थी। उन्हें इंतजार था तो केवल प्रिया की उम्र के 18 साल पूरा होने का...। अगर वह बात सुनते थे तो केवल रिया और अत्सर की, लेकिन इस समय वह उन दोनों से भी नाराज थे। क्योंकि यह सब जानते हुए भी उन दोनों में से किसी ने भी उन्हें नहीं बताया। उन्हें उस लड़के ने कुछ ज्यादा ही भड़का दिया था। हालाँकि, अत्सर ने बाद में उनकी सारी ग़लतफ़हमी को दूर कर दिया था। लेकिन वह फिर भी शादी की बात पर ही अड़े हुए थे। क्योंकि उस रात की बात को लोगों ने कुछ ज्यादा ही आगे बढ़ा दिया था।

वो अत्सर को बहुत मानते थे। उनका इरादा रिया और अत्सर की शादी कराने का था। लेकिन ऐसा संभव नहीं था। क्योंकि जैसा मैंने पहले भी बताया की अत्सर और रिया बहुत अछे दोस्त थे। वह अपनी दोस्ती को दोस्ती तक ही सीमित रखना चाहते थे। फिलहाल जो भी था, अब वह सब रिया और अत्सर के हाथ में था। मैंने अत्सर से कहा की वह एक बार प्रिया के पापा से बात करे। मैं चाहता था की अत्सर उन्हें बताए की मैं पहले नौकरी करना चाहता हूँ और बाकी सब बाद में। अत्सर ने

कहा- 'ठीक है, मैं तुम्हारी बात को उनके सामने रखने की पूरी कोशिश करूँगा।'

अब! हमारी बात तो ठीक थी। मेरी और प्रिया की शादी तो खुद प्रिया के मम्मी-पापा की मर्जी से होनी थी। लेकिन बात थी तो अंकुर और अर्पिता की। मैं और प्रिया तो एक ही जाति के थे। लेकिन हमें डर था तो अंकुर के दूसरी जाति के होने से। हमें ज्यादा समस्या उसके दूसरी जाती का होने से भी नहीं था, बल्कि समस्या इस बात की थी की अंकुर के मम्मी-पापा इस बात से राजी होंगे भी या नहीं। खैर यह तो बाद की बात थी। इस समय शादी की बात को लेकर केवल मुझे ही टेंशन होती थी। इसलिए मैंने अत्सर से कहा की वह जल्दी से इस समस्या का हल निकाले। इसलिए अपना देशी पुलाव ख़त्म करने के बाद, जब हम लोग अंकुर के छत पर गए तब अत्सर ने इस बात का जिक्र रिया से किया। रिया ने भी हमारी बात पर गौर किया। लेकिन उसने कहा की उसके मामा जी उसकी बात मानेंगे नहीं, क्योंकि वह इस समय उससे नाराज चल रहे हैं। उसने मुझसे कहा की मैं खुद जाकर उनसे बात करूँ। अब मेरे अंदर इतनी हिम्मत तो नहीं थी, लेकिन फिर भी मेरे भविष्य की बात थी। केवल मेरे ही नहीं, मेरे और प्रिया दोनों के भविष्य की बात थी। इसलिए मैं, प्रिया को भी अपने साथ ले गया।

हमने अपनी बात उनके सामने रखा। पहले तो वह हमारी किसी भी बात को सुनने के लिए राजी नहीं थे। लेकिन जब प्रिया की मम्मी ने कहा, तब वह हमारी बात को सुनने के लिए राजी हुए। हमारी शादी की बात से केवल प्रिया के घर पर ही नहीं, बल्कि मेरे घर पर भी इसकी वजह से कोहराम मचा हुआ था। एक तरफ हमारे मम्मी-पापा और प्रिया के मम्मी-पापा थे, तो दूसरी तरफ मैं और प्रिया थे। जब प्रिया के पापा को मेरे और प्रिया के बारे में पता चला तो उन्होंने मेरे पापा से मिलने का फैसला किया और उनसे मिलकर उन्होंने मेरे पापा जी से पूरी बात

बताई। मुझे ख़ुशी थी तो बस इस बात की कि उन्होंने किसी तरह का बखेड़ा खड़ा नहीं किया और शांति से पूरी बात को सँभाल लिया। हाँ, यह था की मेरे दोस्तों को इसका खामियाजा भुगतना पड़ा था। उन्हें दोनों तरफ से सुनना पड़ा था।

रिया के मामी जी, प्रिया की मम्मी के कहने पर हमारी बात से सहमत हो गए और उन्होंने मुझे अपना भविष्य सँभालने के लिए एक अवसर प्रदान किया। उनके हमारी बात से राजी हो जाने के बाद, मैंने उनका पैर छुआ। उन्होंने मुझे आशीर्वाद दिया। अब तो हमारी ख़ुशी का ठिकाना नहीं था।

ख़ुशी का ठिकाना न था, दिल में एक नया अफ़साना था।
हर सांस में बहारें थी बसी, हर लम्हा जैसे इक तराना था।।

आसमान भी झुक कर मिला, जैसे चांद ने खुद को छुपाना था।
सितारे भी हँस कर चमक उठे, जैसे दिल ने उनका पैग़ाम जाना था।।

दिल की धड़कनें भी गीत गा रही, हर आहट में जैसे सुरों का ख़जाना था।
हवाओं में घुली थी महक प्यार की, जैसे यह पल हमेशा का फ़साना था।।

आँखों में सपने थे जगमगाते, जैसे चाँदनी ने फ़रमाया परवाना था।
ख़ुशी का ठिकाना न था, दिल में इक अनमोल ख़ज़ाना था।।

वादा

रंगबिरंगे सपनों से, सजा है यह जहाँ।
हर रंग में बसी है, खुशियों की दास्तान यहाँ।।

जैसा की मैंने पहले ही बताया की यह शनिवार का दिन था। हम लोगों ने आज के दिन फिर से पार्टी करने का मन बनाया था और ऐसा ही किया। लेकिन आज की पार्टी हम लोगों ने पहले प्रिया के घर पर किया। आज प्रिया के मम्मी-पापा भी घर पर थे। प्रिया की मम्मी, हमारे लिए कुछ पकौड़े और चाय ले कर आईं। सारे लोग टीवी के सामने बैठे हुए थे। प्रिया के पापा ने टीवी में चल रहे कार्यक्रम को रोक रखा था। क्योंकि हम लोग एक बहुत पुरानी मूवी "समुंदर के पार" देखने बैठे थे। प्रिया के मम्मी को यह मूवी बहुत पसंद थी। इसलिए, उसके पापा जी मार्केट से डीवीडी लेकर आए थे। प्रिया की मम्मी तो आ गई, लेकिन टीवी अभी भी वैसे की वैसे ही थी क्योंकि रिया का आना अभी बाकी था। जब तक रिया आती तब तक के लिए प्रिया की मम्मी जी सास-बहू के सीरियल लगा कर बैठ गईं। सीरियल में जब भी कोई सास-बहू के झगड़े का दृश्य आता, प्रिया के पापा उस पर कुछ ना कुछ कमेन्ट करते और सबको

हँसाते रहते थे। थोड़ी देर बाद रिया भी आ गई। प्रिया के पापा ने मूवी को चलाया। फिल्म शुरु हुई। प्रिया के पापा-मम्मी, रिया, अर्पिता और अक्सर सब लोग बिस्तर पर टीवी की तरफ मुँह करके बैठे हुए थे। प्रिया, मैं और अंकुर तीनों पीछे लगे सोफ़े पर बैठे थे। अर्पिता ने अपने पापा से पूछा की क्या वह लाइट ऑफ कर सकती है? उसने कहा- 'ऐसा करने से पूरा कमरा सिनेमा हॉल की तरह बन जाएगा।' उसके पापा ने हाँ बोल दिया। बाकी सब ने भी प्रिया का समर्थन किया। प्रिया ने मन ही मन मंद-मंद मुस्कुराना शुरु किया। क्योंकि उसके इरादे कुछ ठीक नहीं थे। अरे भाई! मैं जो उसके बगल में बैठा था। मेरे एक तरफ अंकुर था और दूसरी तरफ प्रिया थी। मैंने प्रिया के इरादों को समझ लिया था। इसलिए मैंने वहाँ से हटने के लिए सोचा। जैसे ही मैंने उसके पास से उठने की कोशिश की प्रिया ने मेरे हाथ पकड़ लिए। मैं भी वापस फिर से वहीं बैठ गया, क्योंकि प्रिया ने मुझे वापस सोफे की ओर खींच लिया था।

प्रिया ने लाइट ऑफ कर दिया। पूरे कमरे में केवल टीवी से आने वाली रोशनी का ही बोल-बाला था। वैसे भी हम लोग तो बिल्कुल पीछे बैठे हुए थे। वहाँ पर टीवी के स्क्रीन से आने वाली लाइट बहुत कम ही पहुँच पा रही थी। अब लाइट के नियम के अनुसार, अंकुर तो हमें देख सकता था। क्योंकि हम तीनों समान प्रकाशीय क्षेत्र में बैठे हुए थे। लेकिन बाकी लोग हमें नहीं देख सकते थे। क्योंकि पहली बात तो वह सभी हम तीनों से आगे बैठे हुए थे, जिसकी वजह से वह हमें पीछे मुड़ कर नहीं देख सकते थे। क्योंकि वह सब फिल्म का लुत्फ उठाने में व्यस्त थे। दूसरी बात, वह लोग कुछ ज्यादा ही प्रकाशीय क्षेत्र में बैठे थे। वे सभी टीवी के ज्यादा पास थे। इसलिए, उनके पास ज्यादा लाइट आ रही थी। सब लोग शांति से बैठ कर फिल्म का आनंद ले रहे थे।

दस-पंद्रह मिनट बीत गए थे। अब प्रिया से रहा नहीं जा रहा था। उसने मुझे परेशान करना शुरु किया। पहले उसने मेरे हाथ में जोर से

चींटी काटा, जिससे मैं थोडा सा अपनी जगह से खिसक गया। इसकी आहट अंकुर तक पहुँच गई। उसने सर हिलाते हुए संकेतों में पूछा- क्या हुआ? मैं कुछ बोलता, इतने में प्रिया ने फिर से मेरे हाथ में चींटी काटा...। उसने मुझे अंकुर से कुछ ना कहने के लिए दोबारा मेरे हाथ में चींटी काटा था। मैंने भी इशारों ही इशारों में अंकुर को समझाया की कोई बात नहीं, सब ठीक है। अंकुर ने प्रिया की ओर थोड़ी सी नाराज़गी भरी निगाह से देखा और फिर फिल्म देखने में लग गया। वह समझ गया था की प्रिया ने ज़रूर कुछ किया है।

प्रिया बार-बार मुझे परेशान करती रही। वह कभी मेरे कंधे पर चींटी काटती तो कभी मेरे पैर के किसी हिस्से में...। वह बार-बार मुझे परेशान करती, लेकिन मैं उसके हर वार को नाकाम कर देता था। वह जब भी मुझे चींटी काटती, मैं धीरे से अपने हाथ के जरिए उस जगह पर सहलाता और फिर शांति से बैठा रहता। वह मेरी तरफ से कोई रिएक्शन ना आने की वजह से, मेरे से थोडा नाराज हुई और तेज़ी से उसने मेरे पैर पर अपने पैर से मारा। इस बार मुझे कुछ ज्यादा ही दर्द हुआ। इसलिए, मैंने भी उसके पैर पर तेज़ी से धर दिया। जिससे उसके मुँह से दर्द भरी आवाज निकल गई। अर्पिता ने जल्दी से बल्ब जलाया। सभी लोगों ने, क्या हुआ? क्या हुआ? बोलकर पीछे देखा। रिया तेज़ी से दौड़कर प्रिया के पास आई। मैं डर सा गया की अब तो मैं गया। लेकिन तभी प्रिया ने अपनी तरफ से प्रति उत्तर दिया की "पता नहीं क्या था? मेरे पैर पर तेज़ी से टहलते हुए गया।" तभी अचानक दरवाजे के पास एक चूहा दिखा। अर्पिता ने कहा- 'अरे चूहा था... वह देखो...।' प्रिया की माँ ने कहा- 'क्या बेटा? तुम चूहे से डर गई।' प्रिया के पापा ने कहा- 'चलो कोई नहीं, बैठो सब लोग।' इस बार अर्पिता ने बल्ब जलने दिया। सब लोग फिर से जहाँ थे, वहीं जाकर बैठ गए। लेकिन अंकुर अभी भी हमारी तरफ देख रहा था। वह हमारे हर

क्रियाकलाप को देख रहा था। प्रिया ने थोड़ी नाराज़गी भरी आँखों से मुझे देखा। सब लोग फिर से शांति से बैठकर फिल्म देखने में जुट गए।

लगभग आधे घंटे बीत गए थे। अब मैं थोडा सा उबाऊ महसूस कर रहा था। वैसे भी ज़्यादा पुरानी फ़िल्में मुझे पसंद नहीं थी। मैं बार-बार उबासियाँ ले रहा था। थोड़ी देर में प्रिया ने अपने मम्मी से कहा की मम्मी मुझे नींद आ रही है। मैं सोने जा रही हूँ। सब लोग फिल्म देखने में मस्त थे। इसलिए, सब ने एक स्वर में कहा- 'हाँ हाँ... जाओ।' अंकुर ने पहले प्रिया की तरफ देखा, फिर वह मेरी तरफ देखने लगा। वह ऐसे देख रहा था जैसे की वह यह कहना चाहता हो की उबासियाँ तुम ले रहे और नींद उसे आ रही है। प्रिया वहाँ से चली गई। वह बहुत सोच-समझ कर वहाँ से गई थी। उसे पता था की अगर मुझे नींद आ रही है तो थोड़ी देर में मैं वहाँ से जाऊंगा ज़रूर और यह सच भी था। आधे घंटे बीत गए। अब मेरे से बैठे नहीं जा रहा था। इसलिए, मैंने अंकुर से वहाँ से चलने के लिए पूछा तो उसने कहा की वह अभी नहीं आ रहा। इसलिए मैंने अत्सर को भी साथ चलने के लिए कहा, उसने भी जाने से मना किया। लेकिन बिना चाभी के मैं कैसे जा सकता था। मेरे कमरे की चाभी तो अंकुर के कमरे में ही रह गई थी। इसलिए, उसने मुझे अपने घर की चाभी दिया। प्रिया के पापा ने तो मुझे रात वहीं सोने के लिए कहा, लेकिन मैंने मना किया। फिर उन्होंने कहा- 'कोई नहीं, जैसी तुम्हारी मर्जी।'

मैंने अंकुर से चाभी ली और कमरे से बाहर निकल गया। कमरे से बाहर निकल कर, गलियारे से होकर, मैं जीने के पास पहुंचा। प्रिया अपने कमरे के गेट पर थी। ऐसा लग रहा था जैसे वह मेरे आने का इंतजार कर रही थी। उसने गेट पर पहुंचते ही मेरा हाथ पकड़ लिया। तभी अचानक अत्सर वहाँ आ गया। मैं थोड़ा परेशान सा हुआ। लेकिन अत्सर ने मुझे जल्दी से वहाँ से चले जाने को कहा। जब तक मैं वहाँ से जाता तब तक अंकुर भी वहाँ आ चुका था। लेकिन यह तो अच्छा था की उसने

भी कोई गलत प्रतिक्रिया नहीं किया। मैं वहाँ से चला गया। प्रिया ने अपने कमरे का दरवाज़ा अंदर से बंद कर लिया। मैं जाकर सीधे अंकुर के कमरे में लेट गया। अत्सर बाथरूम जाने के लिए और अंकुर अपने कमरे पर आने के लिए बाहर निकला था। उन लोगों ने वही किया। अंकुर मेरे पीछे-पीछे कमरे में आया। मैं लेटा हुआ था। पहले तो उसने गुस्से से मेरी तरफ देखा, फिर अचानक हँसने लगा और "नालायक" ऐसा कहते हुए मेरी तरफ अपने पास रखे हुए एक सेव को फेंका। उसने मुझे समझाया और कहा देख भाई, तुम जो कर रहे हो, हो सकता हो वह तुम्हारे लिए सही हो...। लेकिन मुझे यह समझ में नहीं आ रहा की अभी आज ही तुम दोनों ने वादा किया था कि ऐसा अब तुम दोनों दोबारा नहीं करोगे तो फिर तुमने अपना वादा कैसे तोड़ दिया। तब मैंने सारी बात उसे बताया। तब उसने कहा कि यार मानना पड़ेगा, तेरी होने वाली बीवी तो बहुत रोमांटिक है।

थोड़ी देर बाद अत्सर भी आ गया। उसने बस एक ही बात कहा- 'मतलब की तुम दोनों नहीं सुधरोगे।' तुम दोनों की किस्मत तो बहुत अच्छी है कि सिर्फ हम दोनों ने ही तुम्हें देखा। अंकुर ने कहा की चलो ठीक है, जो हुआ सो हुआ। वैसे भी यह सब इन दोनों की मर्जी है। फिर अत्सर ने मुझे कमरे पर चलने के लिए कहा। अंकुर ने हम दोनों को वहीं पर रुकने के लिए कहा।

रात के नौ बज रहे थे। पहले तो हम दोनों ने वहाँ रुकने से मना किया। लेकिन अंकुर ने दोबारा रुकने के लिए कहा, इसलिए हम लोग वहीं पर रुक गए। वैसे भी दूसरे दिन रविवार था, इसलिए कोचिंग बंद था। मैंने बगल में सिंगल बेड पर पड़े बिस्तर को जमीन पर फैलाया, जिससे तीनों आराम से लेट सकें। अंकुर ने चौकी को फ़ोल्ड करके बगल में रख दिया। अंकुर हम तीनों के लिए एक-एक कप चाय बनाने में लग गया। चाय बनाते-बनाते अंकुर ने मेरे से तफ़री लेना शुरू किया। वह दोनों ऐसे ही

इधर-उधर की बातें-बोल कर हंसी उड़ा रहे थे। उन्हें हँसता देख, मैं भी थोडा सा हँस देता, यह कहते हुए की "यार तुम लोग भी ना...। लेलो, आज जितने मजे लेना है, मेरा भी समय आएगा।" इस बात पर अंकुर ने कहा- 'ऐसा कोई समय नहीं आने वाला।'

अंकुर ने चाय को छानकर तीनों के लिए अलग-अलग कप में रख दिया। उसने अत्सर को चाय दिया और फिर मेरे पास आया। जब वह मुझे चाय दे रहा था तब मैं उसकी ओर देख रहा था। अंकुर ने कहा, मुझे क्या देख रहे हो। लड़की थोड़ी ना हूँ मैं, जो तुम मुझे देख रहे हो। अत्सर ने कहा- 'अरे! अंकुर, तर्पण तुम्हें इसलिए देख रहा है, क्योंकि उसे इस समय उस समय का अनुभव हो रहा है, जब लोग लड़की देखने जाते हैं और लड़की अपने होने वाले प्रिय पती के लिए चाय लेकर आती है।' और फिर दोनों ने तेज़ी से ठहाके लगाए। मैं भी उनके साथ हँसने लगा। तीनों ने अपनी-अपनी चाय उठा ली।

थोड़ी देर शांति से बैठे रहने के बाद दोनों ने मेरी तरफ देखा और फिर तेज़ी-तेज़ी से हँसने लगे। मुझे कुछ समझ में नहीं आया। मैंने उनकी इस हँसी का कारण जानना चाहा। तब अंकुर ने कहा- "यार! तुम लोग ऐसा कैसे कर लेते हो। वहीं बगल में उसके मम्मी-पापा थे और तुम दोनों वहीं पर अपना फालतू का काम करने में लग गए। मानना पड़ेगा भाई, महान हो तुम दोनों। अगर हम दोनों ना आते तो न जाने क्या करते तुम दोनों। वैसे भी प्रिया कमरे के पास में ही खड़ी थी।

मैंने भी अपना प्रति उत्तर दिया।" यार! मैं क्या कर सकता था। मैंने वहाँ से भागने की कोशिश किया था लेकिन तब तक उसने मेरा हाथ पकड़ लिया था। तब अत्सर ने कहा की किसी से वादा करना तो आसान है, लेकिन उसे निभाना सबके बस की बात नहीं है।

उस समय, मैं उन दोनों को ऐसा भी नहीं कह सकता था कि तुम दोनों को कोई मिला नहीं, ऐसा करने के लिए, नहीं तो तुम दोनों भी छोड़ते

थोड़ी, क्योंकि अभी एक हफ्ते पहले अंकुर के दूसरे पडोसी की बेटी ने अंकुर के साथ ऐसा किया था और अंकुर वहाँ से बच निकला था। इसके लगभग छ: महीने पहले अत्सर के साथ भी यह हादसा हुआ था।

अत्सर अपने नाना-नानी के गाँव 'दहिया', यानी की मेरे गाँव गया हुआ था। वहाँ पर एक लड़की थी, जो मेरे घर के पड़ोस में रहती थी। वह अकसर अत्सर से मिलने के लिए आ जाया करती थी। एक बार उसने मौका पाकर अत्सर को रोक लिया था। उस समय वहाँ पर, केवल हम तीन लोग ही थे। जब तक वह उसके ज्यादा नज़दीक जाती तब तक तो अत्सर उसका ध्यान अपने ऊपर से हटाकर वहाँ से भाग निकला था। अत्सर के बचने तक तो उसने अत्सर के गाल पर अपने होंठों का छाप छोड़ ही दिया था। अत्सर के उससे दूर जाने पर उसने अत्सर को डफ़र बुलाया था। तब अत्सर ने उससे कहा- "तुम बहुत गंदी हो। मुझे गंदे लोग पसंद नहीं।" इतना बोलकर अत्सर वहाँ से चला गया था। मैं अभी भी वहीं पर था। उस लड़की ने मेरे से कहा था की उससे बोल देना की मुझे दोबारा गंदा ना बोले। मैंने कुछ गलत नहीं किया है। मेरे दिल में उसके लिए हमेशा जगह बनी रहेगी, वह मुझे पसंद करे या ना करे। इस बात पर मैंने उसे समझाया था की बात पसंद या नापसंद की नहीं है। यहाँ अगर तेरे दिल में उसके लिए जगह होती तो तू ऐसा कभी ना करती। क्योंकि उसके लिए प्यार का मतलब, नज़दीक आना नहीं होता।

कुछ ऐसी है, मेरे दोनों दोस्तों की सोच। यही वजह थी की मैं उन्हें पलट कर उनके मजाक करने पर जवाब नहीं दे पाता था।

दोस्त के घर पर पार्टी

जीवन का हर रंग, अपना सा लगता है।
रंग-बिरंगी दुनिया में, बस प्यार ही बसता है।।

मेरी धड़कनों को तो प्रिया ने सातवें आसमान पर पहुंचा दिया था। मैं तो बात करते-करते, जैसे था वैसे ही सो गया था। अत्सर और अंकुर अभी भी अपनी-अपनी पढ़ाई में लगे हुए थे। सुबह हुई, मैं गहरी नींद में सो रहा था। अचानक मुझे लगा जैसे कोई बादल मेरे ऊपर फट गया हो। मेरी आँख खुली। सबसे पहले मैंने छत की ओर देखा। यह क्या? मुझे पूरी छत ऐसी दिख रही थी, जैसे नीले आसमान में तारे टिमटिमा रहे हों। मैंने अपनी निगाह चारों तरफ दौड़ाया। पूरे कमरे में हल्का अंधेरा सा छाया हुआ था। सारी खिड़कियाँ बंद थी। अचानक मेरे कानों में जोर से आवाज आई। सुबह हो गई, अब तो उठ जा नालायक। तभी अचानक कमरे में रंग बिरंगी लाइटों का जलना शुरु हुआ। अचानक आवाज आई- "ओए! डी.जे. गाना बजा रे...।" गाना बजना शुरु हुआ। मैंने देखा की मेरे सामने तीन लड़कियाँ खड़ी थी। मेरे बगल में दो लड़के खड़े थे। उन दोनों ने मुझे खींचकर, नीचे फैले पानी में गिरा दिया। अब भले ही मेरे आँख पर पानी

गिरा दिया गया था, लेकिन मैं अभी भी नींद में ही था। मैंने किसी तरह से अपने-आप को एकाग्र किया। यह क्या? मैंने देखा की प्रिया, अर्पिता, रिया, अंकुर और अत्सर सभी मस्ती में झूम रहे थे। मैं जमीन पर पड़ा था। यह सब देख मेरे तो जैसे होश ही उड़ गए हों। अरे! यह देखकर नहीं की वह लोग मस्ती में झूम रहे थे, बल्कि यह देखकर की रिया और अत्सर भी मजे से झूम रहे थे। तभी अत्सर और अंकुर ने मुझे उठाया और मुझे प्रिया की ओर धक्का दे दिया। प्रिया ने मेरा हाथ पकड़ा और यह कह कर मुझे चारों तरफ नाचने लगी की नाचो तर्पण, आज पापा-मम्मी ने हमें पार्टी करने का मौका दिया है। गाना काफी तेज़ी से बज रहा था। इसलिए मुझे कुछ ज्यादा सुनाई नहीं दे रहा था।

मेरे चारों तरफ पार्टी वाले गानों की आवाज सुनाई दे रही थी। मेरे सारे दोस्त मस्ती में झूम रहे थे। थोड़ी देर के लिए मैंने प्रिया से अपना हाथ छुड़ाया और कोने में जाकर खड़ा हो गया। सब अपने धुन में नाच रहे थे।

थोड़ी देर बाद मैंने भी उनके साथ मस्ती करना शुरु कर दिया। मैंने भी उनके साथ जाकर झूमना शुरु कर दिया। हम लोग लगभग दो मिनट तक एक ही गाने पर नाचते रहे। अचानक अंकुर ने जाकर गाना बदल दिया। अभी तक तो ऐसे ही साधारण से गाने चल रहे थे। इस बार अंकुर ने एक वयस्क गाना चला दिया। वह 'नर्टी' फिल्म का गाना था। यह गाना कुछ इस तरह से था... "चींटी जो तूने काटी है ...भोली तू है... बड़ी झुंग़ाट...।" जैसे ही गाना बजना शुरु हुआ तीनों लड़कियों ने अपनी-अपनी कमर हिलाना शुरु किया। वैसे तो रिया शांत मिजाज की लड़की थी। लेकिन आज वह भी बाकी की लड़कियों की तरह मस्ती करने में लगी थी। उस समय उसे देखकर कोई नहीं कहने वाला था की रिया एक साधारण लड़की थी। उसने अत्सर को अपनी ओर खींचा।

अत्सर भी आज थोड़े मस्ती के मूड में था। ऐसा लग रहा था जैसे दोनों ने उस दिन अपनी शराफ़त इस पार्टी के नाम कर दिया हो। उधर अंकुर

और अर्पिता भी नाचने में मस्त थे। उन दोनों ने भी उस दिन अपनी शराफ़त पार्टी के नाम कर दिया था। उस दिन मेरे चारों दोस्त रंगीन हो गए थे। अरे ऐसा मैं ही नहीं, अगर मेरी जगह कोई और भी होता तो वह भी ऐसा ही बोलता। ऐसा मैं इसलिए बोल रहा हूँ क्योंकि जैसे ही अंकुर ने इस गाने को चलाया, वैसे ही रिया और अर्पिता दोनों ने नर्टी फ़िल्म की नाईका की तरह नाचना शुरु कर दिया और अत्सर और अंकुर ने अपने पास रखे हुए रंग से भरे हुए दो गुबारों को उठाया और उन दोनों की ओर फेंक दिया। मैं अपनी आश्चर्य भरी आँखों से यह सब देख रहा था। उधर प्रिया "ओहो! अर्पिता दीदी, रिया दीदी, बोल-बोल कर चिल्लाए जा रही थी।" मैं गाने को सुनकर धीरे-धीरे झूम रहा था और उन सब के क्रियाकलापों को देख रहा था। अचानक मेरे सर से एक गुब्बारा टकराया। मेरे पूरे चेहरे पर रंग सा फैल गया। मैंने देखा की प्रिया के हाथ में ऐसा ही एक रंगो से भरा गुब्बारा था। मैं उसकी ओर दौड़ा, इतने में उसने दोबारा एक दूसरे रंगों से भरे गुब्बारे को मेरे चेहरे पर दे मारा। मैंने भी पास के मेज पर रखे गुबारों को उठाया और उसकी ओर फेंका। लेकिन वह गोल-गोल सा घूमे जा रही थी। इसलिए, वह गुब्बारा जाकर अत्सर को लग गया। अब अत्सर ने मेरे से बदला लेने के लिए एक गुब्बारा उठाया और मेरे ऊपर दे मारा। लेकिन अत्सर का निशाना मुझसे चूक गया। वह गुब्बारा इस बार रिया को जाकर लग गया।

अब क्या था, रिया ने रंगो से भरा एक बड़ा सा गुब्बारा उठाया और अत्सर की ओर निशाना लगाकर खड़ी हो गई। सारे लोग हल्ला कर रहे थे की रिया मारो उसने तुम्हें मारा... मारो तुम उसे... अर्पिता उधर से चिल्ला रही, मारो दीदी...। लेकिन रिया तो रिया ही थी, उसने गुब्बारे को वापस कर लिया और शांति से खड़ी हो गई। उसकी इस हरकत से सब निराश हो गए। अत्सर अब निश्चिंत हो गया। लेकिन अचानक रिया ने अपने हाथ में लिए गुब्बारे को अत्सर की ओर फेंक दिया। सबने ज़ोर से

तालियाँ बजाई और चिल्लाया... उहूहू...। अत्सर भी मेरी तरह रंग से लतफ़त हो गया। दरअसल, रिया ने उस समय उस गुब्बारे को वापस इस लिए लिया था, जिससे अत्सर निश्चिंत हो जाए और वह आराम से उसे अपना निशाना बना सके। क्योंकि अगर वह उसी समय उस गुब्बारे को फेंक देती और अत्सर उस जगह से हट जाता तो वह गुब्बारा अर्पिता को जाकर लग जाता। जबकि रिया अत्सर को अपना निशाना बनाना चाहती थी। अब क्या था, अत्सर ने फिर से एक गुब्बारा उठाया और रिया की ओर फेंक दिया। इस बार अत्सर का निशाना रिया को ही लगा। रिया ने बर्तन में रखे पानी को अत्सर के ऊपर फेंक दिया। इसके बाद अत्सर ने वह किया जो देख कर हम सब आश्चर्यचकित थे। क्योंकि हम ऐसा कभी सपनों में भी नहीं सोच सकते थे की अत्सर भी ऐसा कर सकता था।

रिया के अत्सर की ओर रंग फेंकने के बाद, वह उसकी ओर तेज़ी से गया और उसे अपनी गोद में उठाया और उसने रिया को पास में रखे ढेर सारे रंगों से भरे हुए गुबारों के बीच गिरा दिया। रिया के नीचे गिरते ही सारे गुब्बारे फूट गए और रिया ने पूरी तरह से रंगो से नहा लिया। अब रिया भी शांत नहीं रही। उसने अत्सर को अपनी ओर खींच लिया। अत्सर भी उसके बगल में जाकर गिर गया और फिर रिया ने पास में फैले हुए जो भी बचे हुए गुब्बारे थे उन्हें एक-एक करके अत्सर के ऊपर फेंकना शुरू कर दिया। उसने सारे गुब्बारे अत्सर के ऊपर फोड़ दिया। दोनों वहीं पर होली खेलने में लग गए। एक तरफ से रिया गुब्बारे फेंकती तो दूसरी तरफ से अत्सर जमीन पर फैले रंग को उठा-उठा कर उसकी ओर फेंकता जा रहा था। यह नजारा देखकर हम सब खूब मजे ले रहे थे। वह नजारा बहुत ही सुंदर था।

इस अद्भुत नजारे को देखकर हम सभी बहुत खुश हो रहे थे। जैसे ही अत्सर ने रिया को अपनी गोद में उठाया, रिया थोड़ी शर्मा सी गई। उधर, यह सब देखकर अर्पिता ने अपने मुँह पर हाथ रखा और हाआआ... ऐसा

कह कर चिल्लाई। उधर प्रिया को यह सब देख बहुत मजा आ रहा था। वह ज़ोर-जोर से सीटी बजाने लगी। मैं और अंकुर भी शांत नहीं थे। हम लोग भी तेज़ी से हल्ला मचा रहे थे। अंकुर मेरे से बोल रहा था की तर्पण देखो आज हमारा दोस्त सही रास्ते पर आया है। हम लोगों की सोच गलत थी की हमारा दोस्त रोमांस नहीं कर सकता। मैंने कहा- 'हाँ तुम सही बोल रहे हो।' अत्सर और रिया एक स्वर में बोले- 'अबे गधों! यह रोमांस नहीं है। अब क्या हम लोग थोड़ी सी मस्ती भी नहीं कर सकते हैं?' दोनों आपस में ही खेल रहे थे। अचानक उन दोनों ने उठकर, हमारी तरफ बचे हुए गुब्बारे फेंकते हुए कहा- "तुम लोग ऐसे खड़े होकर क्या मजे ले रहे हो? तुम लोगों ने क्या सोचा था की तुम लोग बच जाओगे।" जैसे ही उन दोनों ने हमारी तरफ रंग फेंका, हम लोग इधर-उधर भागने लगे। अब हम लोगों ने भी एक दूसरे पर रंग फेंकना शुरू कर दिया। अचानक अत्सर और अंकुर मेरी तरफ बढ़े और उन दोनों ने मुझे रंगो से भरी जमीन पर दे मारा। मैं जमीन पर गिर गया। मैंने जमीन पर पड़े रंग को उन सब की ओर फेंकना शुरू कर दिया। मैंने अंकुर का पैर पकड़ा और उसे जमीन पर गिरा दिया। अर्पिता ने बाहर से पानी ले आकर हम दोनों के ऊपर फेंकना शुरू कर दिया। अंकुर तेज़ी से उठा और उसने अर्पिता के हाथ में लिए हुए पानी के बोतल को छीन लिया और उसी के ऊपर पूरा पानी गिरा दिया। अत्सर ने मेज पर पड़े हुए सारे सूखे रंग को पूरे कमरे में उड़ाना शुरू कर दिया। थोड़ी ही देर में पूरा कमरा रंग- बिरंगा सा हो गया। यह रंगो की एक ऐसी होली थी जो दो प्रेमियों के बीच में नहीं बल्कि दो दोस्तों के बीच में खेली जा रही थी। वह नजारा देख कोई भी बोल सकता था की यह दो दोस्त नहीं बल्कि दो प्रेमी हैं। लेकिन ऐसा कुछ नहीं था।

वैसे भी भारत एक ऐसा देश है, जहां दोस्ती शब्द की बहुत कदर की जाती है। वह बात अलग है की कुछ लोग उसका गलत फायदा उठा लेते हैं।

खुशनसीब होती हैं वह लड़कियाँ, जिन्हें अत्सर जैसे दोस्त मिलते हैं और रिया अपने-आप को खुशनसीब मानती भी थी। ऐसा नहीं था की कभी रिया और अत्सर को पास आने का मौका ना मिला हो। कई बार ऐसा हुआ जब वह लोग अपनी दोस्ती को दूसरी दिशा में मोड़ सकते थे। लेकिन उन दोनों ने ऐसा कभी नहीं किया। वह एक दूसरे से वैसे ही मिलते थे जैसे की हम लोगों से मिलते थे। कई जगहों पर ऐसा हुआ की रिया और अत्सर अकेले थे लेकिन उन्होंने कोई गलत काम नहीं किया। उनकी जगह कोई दूसरा होता तो ज़रूर आगे बढ़ जाता। पता नहीं क्यों लोग लड़कियों को केवल कामुकता की नजर से देखते हैं। खैर इसमें केवल लड़कों की ही गलती नहीं है, कहीं ना कहीं लड़कियाँ भी खुद अपने लिए गड्ढा खोदने में कसर नहीं छोड़ती हैं। इन्हें भी तो हर चीज की बड़ी जल्दी होती है। पहले खुद ही आगे आती हैं और फिर बाद में दूसरे को दोषी ठहराती हैं। सदियों से हम सुनते आ रहे हैं की "ताली एक हाथ से नहीं बजती।" वैसे भी अगर देखा जाए तो इसमें किसी की कोई गलती नहीं है। किसी के लिए एक काम अच्छा होता है तो वहीं दूसरी तरफ दूसरा इंसान उसी काम को गलत ठहराता है। हम अपनी-अपनी जरूरत के हिसाब से किसी काम को सही या गलत ठहराते हैं।

गाने एक के बाद एक चल रहे थे। पार्टी मजे से चल रही थी। होली नहीं थी फिर भी हमारी रविवार की पार्टी होली की पार्टी में बदल गई थी। इस रंगबिरंगे कार्यक्रम का आयोजन रिया और अत्सर ने मिलकर किया था। रिया ने अपने मामा से बात किया और उसके मामा ने सब को साथ में पार्टी करने के लिए कहा। प्रिया के पापा (यानी के रिया के मामा) ने ही उन सबको इजाजत दिया था।

पार्टी चल रही थी। सब एक दूसरे के ऊपर कमरे में पड़ी सारी चीजें उठा-उठा कर फेंक रहे थे। अचानक अर्पिता का पैर फिसला और वह जमीन पर गिर पड़ी। तेज़ी से गिरने की वजह से उसके पैर में हल्की सी

मोच आ गई थी। अंकुर ने उससे उसकी हालत के बारे में पूछा। उसके पैर में हल्का सा दर्द हो रहा था। वह उठ नहीं पा रही थी। इसलिए, अंकुर ने उसे कुर्सी पर बैठाने के लिए उठाया। जैसे ही अंकुर ने अर्पिता को उठाया, तभी प्रिया ने अपनी मम्मी को बुलाने के लिए दरवाज़ा खोला। सामने अंकुर के फ्लैट के नीचे रहने वाला वही लड़का खड़ा था, जिसने मेरे और प्रिया के बारे में प्रिया के पापा से बताया था। वह जल्दी से दौड़ कर गया और प्रिया के पापा को बढ़ा-चढ़ा कर बताया। प्रिया के पापा वहाँ आए। उन्होंने रिया और अत्सर दोनों को फटकार लगाना शुरू कर दिया। लेकिन इतना था की उन्हें अर्पिता पर भरोसा था। इसलिए, उन्होंने अर्पिता से एक बार सारी बात जानना चाहा। अर्पिता ने पूरी बात उन्हें समझाया। पूरी बात जानने के बाद उन्होंने उस लड़के को पहले तो दो थप्पड़ लगाया, फिर उसे वॉर्निंग देकर छोड़ दिया। उन्होंने अर्पिता के पैर में आई मोच के बारे में पूछा? अर्पिता ने कहा- 'सब ठीक है।' अब उसके पैर का दर्द भी जा चुका था। वैसे भी हल्की सी मोच थी। अब हम सब ने उसे दोबारा उछलने से मना किया। प्रिया के पापा ने कहा की 'करो पार्टी', लेकिन दरवाज़ा खोल कर, नहीं तो लोग गलत तो समझेंगे ही। तब अत्सर ने कहा की अंकल हमने इस लिए दरवाज़ा बंद कर रखा था, जिससे कोई परेशान ना हो। आवाज ज्यादा होने की वजह से हमने दरवाज़ा बंद किया था। वैसे भी दरवाज़ा पूरी तरह से बंद नहीं था। अगर कोई हल्का सा भी अन्दर की तरफ ढकेलता तो दरवाज़ा आराम से खुल जाता। अर्पिता के पापा यह बोल कर चले गए की "मैं कुछ नहीं जानता, बस मेरा भरोसा ना तोड़ना तुम लोग।" मुझे देश-दुनिया से मतलब नहीं है। लोग कुछ भी कहें, तुम लोग सही से रहो।

उनके जाते ही हमने पूरी आवाज में होम थिएटर को शुरू कर दिया। सब लोग मजे से झूम रहे थे। अर्पिता अपने पैरो की वजह से कुर्सी पर ही बैठी थी। हमारी पार्टी लगभग आधे घंटे तक और चलती रही। कुल दो

घंटे तक हमारी रंगो भरी पार्टी चलती रही। पार्टी खत्म हुई, सब रंगबिरंगे हो गए थे। रिया ने कहा- 'तुम लोग अच्छे से फ्रेश होकर घर पर आ जाओ।' मैं चल के तुम लोगों के लिए कुछ खाने के लिए बनाती हूँ। इतना बोल कर वह लोग बाहर जाने लगे सबसे अंतिम में मैं और प्रिया थे। इस बार फिर से प्रिया ने वही पुरानी हरकत करने की कोशिश की। लेकिन मैंने उसे वहाँ से भागने के लिए कहा। प्रिया वहाँ से तेज़ी से आगे बढ़ी। उसको तेज़ी से आगे बढ़ते देखकर अर्पिता ने पूछा- 'क्या हुआ?' उसने कहा- 'कुछ नहीं चलो जल्दी, इन लोगों के लिए खाने के लिए कुछ बनाना भी तो है।' तब अर्पिता ने कहा- 'हाँ, जैसे जल्दी से जाकर, सारा काम तू ही पूरा करने वाली है।' तुझे तर्पण के पास जाने के मौके तलाशने के अतिरिक्त कुछ आता भी है। अर्पिता की इस बात पर सब हँसने लगे। प्रिया ने भी अपने मुँह पर हाथ रखते हुए, हाहाहा... करते हुए वहाँ से चली गई।

सारी लड़कियाँ वहाँ से जा चुकी थी। अब हम लोग अंकुर का रूम साफ करने में लग गए। रंग को छुड़ाना तो हमारे बस में नहीं था। हम लोगों से जितना कुछ हो सका हमने किया और हाँ! अर्पिता का पैर भी अब ठीक हो चुका था। अब वह आराम से जा सकती थी। इसलिए, उसे घर जाने में कोई दिक्कत नहीं हुई। वैसे तो जाते समय अंकुर ने पूछा की चल कर छोड़ देता हूँ। लेकिन उसने कहा- 'नहीं, मैं चली जाऊँगी।' हम लोगों ने मिलकर पूरा कमरा साफ सुथरा कर दिया।

पड़ोस में खाने पर निमंत्रण

गुलाबों की महक से, महकती है राहें।
हर पल में बिखरी हैं, रंगीन चाहें।।

मैं (लेखक), तर्पण के साथ पार्क में बैठा उसके जीवन में घटित घटना को सुन रहा था, जिसके लिए उसने मुझे बुलाया था और कुछ मुख्य-मुख्य बिंदुओं को अपनी डायरी में लिखता जा रहा था...

मैं (तर्पण), अत्सर और अंकुर तीनों लोग प्रिया के घर पर दावत खाने जा रहे थे। हम लोगों ने जल्दी से अपना-अपना काम खत्म किया और प्रिया के घर पहुँच गए। हम लोगों ने जाते ही हल्ला मचाना शुरू कर दिया। अरे खाना ले कर आओ। अरे हम लोग अकेले ही हल्ला नहीं मचा रहे थे। हमारे साथ प्रिया भी थी। वह हर काम में आगे थी। बस पढ़ने के लिए ना कहो उसे।

थोड़ी देर बैठने के बाद, हमारे सामने अच्छे-अच्छे पकवान आने लगे। प्रिया की मम्मी ने आज खीर बनाया था। रिया को खीर बहुत पसंद थी। इसलिए, उन्होंने आज खीर बना रखा था। खीर के साथ रिया कुछ अच्छी सी मसालेदार सब्जियां और कुछ पूरियाँ लेकर आई। इतना खाना

देखकर सबके मुँह में पानी आ गया। खीर केवल रिया को ही नहीं, बल्कि प्रिया को छोड़कर हम सब को भी पसंद थी। प्रिया को खीर पसंद नहीं थी। इसलिए उसकी पसंद का एक पकवान और बना था। जिसे हम लोग सेवईं कहते हैं। यह पकवान हमारे इंडिया में बहुत प्रसिद्ध है। लोग इसे बड़े चाव से खाते हैं। अब रिया को सबसे ज्यादा खीर पसंद थी, तो प्रिया को सेवई। लेकिन अर्पिता (प्रिया की बड़ी बहन) को सब अच्छा लगता था। वह खाने-पीने में ज्यादा नखरे नहीं करती थी। उसके ज्यादा नखरे ना होने की वजह से ही अंकुर उसे पसंद करता था। नखरे ज्यादा रिया भी नहीं करती थी, जितना प्रिया के नखरे थे। वह अपने मम्मी के बनाए हुए हर खाने में नुस्क निकालती थी। बस सेवईं को छोड़कर। हाँ, एक बात तो थी की वह रिया के खाने में कभी नुस्क नहीं निकालती थी। रिया के खाने में तो कोई भी कभी नुस्क नहीं निकालता था। वह इतना अच्छा खाना बनाती ही थी की कोई भी उंगलियाँ चाटता रह जाए। उसके हाथों में जादू था। इसीलिए तो जो भी प्रिया के घर आता, वह रिया के हाथ का खाना-खाने के बाद रिया को अपने घर का बहू बनाने का सपना देखने लगता। लेकिन रिया के मामा सबको मना कर देते थे। उनका कहना था की जो इंसान किसी लड़की को खाना बनाने की वजह से खुश होकर, उसे अपने घर की बहू बनाने की सोचता हो उसके घर में वह लड़की कभी खुश नहीं रह सकती। क्योंकि ऐसे घर में लड़की जाकर केवल खाना बनाने के लिए ही रह जाएगी। उसका पूरा दिन, पूरे घर वालों के लिए खाना पकाने में ही चला जाता है।

खाना आते ही हम सबने खाने पर ध्यान लगाया। वैसे भी बहुत दिन के बाद ऐसा खाना-खाने के लिए मिला था, नहीं तो इससे पहले हम लोग चावल उबाल-उबाल कर ही खा रहे थे। रोटी का दर्शन किये हुए तो हमें महीनों बीत जाते थे। ऐसा इसलिए नहीं था की हमारे पास रोटी बनाने के लिए संसाधन नहीं थे, यह सब हमारे अंदर उपस्थित आलस्य

की वजह से था। इतिहास गवाह है की छात्र हमेशा से खाना पकाने में सबसे आलसी रहा है। हम सब बचपन से रामानंद सागर के धारावाहिक रामायण में देखते आ रहे हैं की उस समय भी छात्र चावल पकाकर ही खाते थे और अपना पेट भरते थे। जब भी रामायण में छात्र को खाना-खाते दिखाया गया है, हमेशा चावल ही खाते दिखाया गया है। यह सब तो छोड़ो, हम लोग तो खाना-खाने के लिए पीतल या फिर स्टील के बने बर्तन का इस्तेमाल कर लेते हैं। वह लोग तो पत्ते में ही खाना-खाते थे। ऐसा इसलिए नहीं की पत्ते में खाना-खाने से शुद्ध होता है बल्कि इसलिए की बार-बार थाली नहीं धोना पड़ेगा। नहीं तो आप ही सोचो, क्या उस समय पानी की कोई कमी थी? उस समय तो नदियों में हमेशा पानी बहता रहता था। और तो और उनका घर भी नदी के पास होता था। उनके रहने के लिए कुटिया उसी जगह बनाई जाती थी, जहाँ से सारी चीजें आसानी से मिल जाए। हम ऐसा भी नहीं कह सकते की उस समय धातु से बने बर्तनों की कमी थी, हाँ समस्या थी तो केवल एक बात की कि उन्हें खाना पकाने के लिए चावल वगैरह गाँव-गाँव में जाकर इकट्ठा करना पड़ता था। तो इसमें क्या, हमें भी तो राशन लाने के लिए हर महीने घर जाना पड़ता है। चलो मैं अपनी बात छोड़ देता हूँ, मैं तो महीने के एक दिन जाकर घर से राशन लेकर आ जाता था। लेकिन कुछ छात्र ऐसे भी होते हैं, जिन्हें हर हफ्ते घर जाना पड़ता है। क्योंकि उनके परिवार के लोग उन्हें एक बार में राशन ले आने ही नहीं देते। उनका कहना रहता है की हर हफ्ते घर आओ और अपने लिए राशन लेकर जाओ, कम से कम इसी बहाने घर तो आते रहोगे। अरे यार या तो पढ़ाई करा लो या फिर घर बुला लो। वैसे ऐसा बहुत कम ही लोग अपने बच्चों के साथ करते हैं।

चलो ठीक है, आइये हम लोग वापस अपने खाने पर अपना मन एकाग्र करते हैं। हम लोग खाने में जुटे थे, तभी प्रिया के पापा जी आ गए। आज वह थोड़ा नाराज से दिख रहे थे। अब भले ही उन्हें हम लोगों

पर भरोसा रहा हो लेकिन फिर भी जब कोई उनके बच्चों के बारे में बुरा-भला कहेगा तो वह इस बात को कैसे सहन कर सकते थे। कोई भी हो मन में थोड़ा सा संदेह तो आ ही जाता है। उन्होंने कमरे में प्रवेश किया। हम लोग पकवान खाने में लगे हुए थे। वह भी आकर बगल में लगे सोफ़े पर बैठ गए। थोड़ी देर तक वह शांत रहे। अंकुर अपना खाने में लगा था। वह उसे ही देख रहे थे। उसने अपने-आपको खाने के साथ इतना व्यस्त कर लिया था की उसे किसी के आने-जाने की कोई खबर नहीं थी। उसके सिर्फ हाथ हिल रहे थे और बाकी खाना-खाने के लिए मुँह तो हिलेगा ही...। तो चलो मान लेते हैं की मुँह भी हिल रहा था। खाने में हम दोनों भी लगे थे। लेकिन जब हमने उन्हें शांति से बैठते देखा, तब हम लोग आराम से बैठ कर उनकी ओर घूरने लगे।

इतने में प्रिया की मम्मी जी आ गईं। उन्होंने हमें शांत बैठा देखा तो उन्हें लगा की हमें खाना पसंद नहीं आया। इसलिए उन्होंने पूछा- क्या हुआ बेटा, तुम लोग खा क्यों नहीं रहे? खाना अच्छा नहीं लगा...? इतने में अंकुर ने कहा- अरे नहीं मम्मी जी खाना तो बहुत अच्छा है। उसने तफ़री लेते हुए कहा- दरअसल, क्या है ना, इन लोगों को खीर अच्छी नहीं लगती। अत्सर ने कहा- नहीं मम्मी जी ऐसा कुछ नहीं है। खाना बहुत अच्छा है। वह बस हम लोग थोड़ा सा आराम कर रहे थे। उसकी मम्मी अंकुर की बात पर हँसने लगी। उन्होंने और खाना लेने के लिए पूछा। मैं तो डरा हुआ था, इसलिए मेरे मुँह से तो वैसे भी कोई शब्द नहीं निकल रहे थे। अत्सर ने कहा- नहीं मम्मी जी अब और ज्यादा खाने की इच्छा नहीं है। उन्होंने दोबारा पूछा, "क्या खाना अच्छा नहीं है क्या? तुम लोग बहुत कम खा रहे हो।" इस बार सब ने कहा- नहीं मम्मी जी, खाना बहुत अच्छा है। अंकुर ने फिर कहा- "अरे मम्मी जी खाना तो बहुत अच्छा है, लेकिन यह कमबख़्त पेट ही बहुत जालिम है, यह ज्यादा खाना-खाने ही नहीं देता।" उसकी इस बात पर सब लोग हँसने लगे। यहाँ तक की प्रिया के

पापा भी, जो काफी देर से शांत बैठे थे। जैसे ही उनके चेहरे पर ख़ुशी दिखाई दी, मैंने तुरंत प्रिया की मम्मी से कहा- "मम्मी जी एक कटोरी खीर... और...।" उन्होंने खुश होते हुए कहा- हाँ बेटा, मैं तो कब से पूछ रही हूँ।

उन्होंने मेरी कटोरी ली और खीर ले आने चली गई। प्रिया के पापा ने पूछा- तो, कैसी रही पार्टी... "बच्चों"? सब ने कहा- पापा जी, पार्टी बहुत अच्छी थी। उन्होंने थोड़ी सी साँस अन्दर ली और बोले- चलो अच्छी बात है। अंकुर ने थोड़ा रुकते हुए कहा- "माफ करना अंकल! हमारा गलत इरादा बिल्कुल नहीं था।" वह अर्पिता के पैरो में चोट थी, इसलिए मैं उसकी मदद कर रहा था, कुर्सी पर बैठने के लिए। उन्होंने कहा- कोई नहीं मुझे तुम सब पर भरोसा है। वैसे तो तुम लोग खुद ही समझदार हो, बच्चे नहीं हो तुम लोग की मैं हर वक्त तुम्हें समझाता रहूँ और बाकी तो सब सही है। अब रही बात दूसरे लोगों की तो, उनसे तो मैं निपट लूँगा।

अंतिम में उन्होंने मेरे और प्रिया की ओर देखा और बोले-तुम्हारे ग्रुप में कुछ लोग हैं, जिन पर कभी-कभी थोड़ा सा संदेह होता है। लेकिन कोई नहीं, आखिरकार हो तो तुम सब मेरे ही बच्चे, खुश रहो, तुम सब...। उन्होंने प्रिया से कहा- "ओए छिपकली, जा अपनी मम्मी से बोल खाना लेकर आए।" प्रिया ने अपनी मम्मी से जाकर कहा। उनका खाना उनके सामने आ गया। हम लोग खाना खा चुके थे। इसलिए हम लोग अब जाने की तैयारी में लग गए। जाते समय हम लोगों ने प्रिया के पापा से नमस्ते किया।

प्रिया के घर से वापस अंकुर के कमरे पर आने के बाद हम लोगों ने थोड़ा सा आराम करने का मन बनाया। अंकुर का चेहरा अभी भी थोड़ा सा उदास ही था। वह उसी बात को लेकर परेशान था। अत्सर ने उससे कहा- यार तुम परेशान क्यों हो रहे हो। चलो कोई नहीं जो हो गया सो हो गया।

वह गुस्से में बोले जा रहा था- "मन तो करता है की जाकर उस हरामी को दो जूते लगा दूँ, जिसने अंकल से झूठी बात कही है।" अत्सर ने कहा- अरे! कोई नहीं यार इतना तो सहन करना पड़ता है। चल तूने तो कुछ नहीं किया है, फिर भी तू इतना परेशान हो रहा है। उसने मेरे लिए हँसते हुए कहा- तुम इसको देखो, इसने और प्रिया ने इतना बड़ा कांड किया। तुम्हें इनके चेहरे पर कभी उदासी दिखी। अंकुर ने कहा- अरे वह बात नहीं है यार! अर्पिता के पापा हम लोगों पर कितना भरोसा करते हैं। आजकल किस लड़की का पिता बाहरी लड़कों पर भरोसा करेगा? अत्सर ने कहा- बात तो तुम्हारी सही है। लेकिन इसमें इतना उदास होने वाली क्या बात है? मस्त रहो...।

हम सभी बिस्तर पर ऐसे पड़े थे जैसे बहुत बड़ा काम करके आए हों। अंकुर थोड़ी देर शांत रहा और फिर बोला, "आज के बाद मैं अर्पिता से तभी मिलूँगा जब मैं उसके लायक़ बन जाऊँगा।" अत्सर ने कहा- क्या बोल रहे हो तुम? यार! हमें वह घर पर खाने-पीने के लिए बुलाते हैं, तुम नहीं चलोगे तो हम लोग कैसे जाएंगे। अंकुर ने कहा- नहीं तुम लोग जाना, सिर्फ मैं नहीं जाऊंगा। अब उसने उस जगह से पलायन करने का मन बना लिया। जिस घर में वह रह-रहा था, वह उसके मामा जी का था। उन्होंने उसे वह घर रहने के लिए दिया था। अंकुर अकेले था, इसलिए उसने नीचे का फ्लोर रेंट पर दे रखा था। उसके मामा जी! दुर्शन (महानगर) से दूर, कहीं बाहर रहते थे। अंकुर ने अब पूरा घर किराए पर दे दिया। उसने हमें वहाँ रहने के लिए बोला था। लेकिन मेरा मन वहाँ जाने का बिल्कुल नहीं था। क्योंकि वहाँ प्रिया का घर बगल में ही था, वह फिर मौका मिलने पर आती-जाती रहती। उसकी इस हरकत से मेरे लिए समस्या खड़ी हो सकती थी।

उसने उसी दिन अपना फ्लैट किराए पर दे दिया और इस बार उसने कोचिंग के पास जाकर एक घर देखा। उसने फ्लैट के साथ-साथ एक

कमरा भी ढूंढ रखा था। फ्लैट उसने, हम दोनों को भी साथ में रहने के लिए ढूंढा था और कमरा इसलिए की अगर हम दोनों ने उसके साथ जाने से मना कर दिया तो फिर वह अकेले उस कमरे में रहेगा। उसने जिन लोगों को अपना फ्लैट किराए पर दिया था, वह लोग एक हफ्ते बाद आने वाले थे। इसलिए उसने अभी एक हफ्ते तक वहीं रहने का फैसला किया। इसी बीच एक दिन प्रिया के मम्मी ने हमें फिर खाने पर बुलाया। इस बार अंकुर हमारे साथ नहीं गया था। इसलिए प्रिया के पापा ने उसके बारे में पूछा। अत्सर ने सारी बात बताया। अंकल जी थोड़ा सा मुस्कराए और बोले, "मुझे अपने उस बेटे पर नाज़ है।" उस दिन से उनके दिल में अंकुर के लिए प्यार और बढ़ गया। उन्होंने कहा- "अत्सर बेटा! मेरे बेटे से जाकर बोलना, मुझे उससे कोई शिकायत नहीं है। हाँ अगर उसने यही फैसला किया है तो उससे बोलना अब वह उसे पूरा भी करे।" उन्होंने प्रिया के मम्मी से अंकुर के लिए खाना देने के लिए कहा। उस दिन मुझे पता चला की भरोसा क्या होता है। उस दिन से मैंने भी यह फैसला लिया की अब मैं भी प्रिया को अपने पास नहीं फड़कने दूंगा। मैं घर जाना छोड़ सकता था, लेकिन इससे मेरे खाने-पीने का काम गड़बड़ हो जाता। वैसे भी, अत्सर का मानना था की कभी भी खाने से बैर नहीं रखना चाहिए। खाने ने हमारा क्या बिगाड़ा है। वैसे भी खाने से दुश्मनी करके हमें क्या मिलता। इसलिए, अब मैं प्रिया के घर, जब उसकी मम्मी बुलाती थी तब जाता तो था, लेकिन प्रिया से दूर ही रहता था। मैंने अत्सर से कहा की चलो हम लोग भी अंकुर के साथ चलते हैं। अत्सर ने कहा ठीक है।

हम तीनों ने जाकर वह फ्लैट किराए पर ले लिया, जो अंकुर ने पसंद किया था। अब हम लोग "राज विहार" से एक किलोमीटर दूर "रीत विहार" में आकर रहने लगे। रीत विहार से तुंगशेर क्लासेज के बीच की दूरी लगभग ३०० मीटर है। यह बात हमने प्रिया की मम्मी से बता दिया था की हम लोग भी अंकुर के साथ रहने के लिए जा रहे हैं। इसलिए प्रिया

के पापा जी हम लोगों के पास देखने के लिए गए थे की हम लोग कहाँ रह रहे हैं। वैसे भी प्रिया के पापा जी की मेरे पापा से बहुत अच्छी पहचान थी। वह अत्सर के पापा से भी मिल चुके थे। अत्सर के पापा ने ही उन्हें कहा था की एक बार जाकर वह देख लें की हम लोग कहाँ और कैसे रह रहे हैं। फ्लैट पर आने के बाद उन्होंने हमें कुछ ज्ञान की बातें बताई और अच्छे से पढ़ाई करने के लिए बोला। जाते समय उन्होंने हम तीनों को प्यार से गले भी लगाया।

अब जब भी मैं प्रिया के घर जाता, वापस आते समय बिना उससे मिले ही फ्लैट पर आ जाता था। इस बात को लेकर वह कभी-कभी मेरे से नाराज भी हो जाती थी। लेकिन अब मुझे उसके नाराज होने का कोई डर नहीं था। कभी-कभी मुझे डर लगता था की कहीं वह किसी और लड़के को पसंद ना कर ले। क्योंकि बहुत से लोग ऐसा करते हैं। लेकिन उसने ऐसा कभी नहीं किया। एक बार, मैं उसके घर से बाहर निकल रहा था, तब उसने मेरे से बोला था की जल्दी से अपनी पढ़ाई पूरी करो जिससे हम लोग शादी कर सकें...।

वो अर्पिता से छोटी थी। प्रिया ग्यारहवीं में थी और अर्पिता बारहवीं में थी। वहीं अगर रिया की बात करें तो मैं बताता चलूँ की रिया ने बारहवीं पास कर लिया था। उसने इसी साल बी.ए. में एडमिशन लिया था। वह अत्सर से एक साल बड़ी थी। लेकिन बड़े-छोटे से क्या मतलब था। डफर तो दोनों ही थे। दोनों ने एक ही रट लगा रखी थी की हम लोग हमेशा दोस्त ही बने रहेंगे और नालायकों ने किया भी वही। चलो खैर यह सब तो उनकी मर्जी थी। हम लोग इसमें कर भी क्या सकते थे। हमने तो अपनी तरफ से बहुत कोशिश किया।

नया फ्लैट और परीक्षा की तैयारी

नया फ्लैट सजाया, ख्वाबों की चादर ओढ़ा,
परीक्षा की तैयारी में, मेहनत की राह पर बढ़ा।

अब हम तीनों साथ-साथ रह रहे थे। इसलिए हमारे पास अब इतना टाइम था की हम लोग अपना-अपना काम अच्छे से पूरा कर सकते थे। अब हम तीनों एक साथ पढ़ाई किया करते थे। अब से हमारे खाने में रोज ना सही, हफ्ते में दो दिन रोटी ज़रूर मिल जाया करती थी। वह दिन थे- शनिवार और रविवार। शनिवार को कोचिंग का काम पूरा करने के बाद हम लोग रात को रोटी बना लिया करते थे। रविवार को तो जब भी खाना पकाते रोटी और सब्जी ही बनाते थे। अब हमें खाना पकाने में आलस्य भी नहीं लगती थी। हफ्ते में कम से कम एक दिन ऐसा ज़रूर होता था, जब प्रिया के घर से हमारे लिए कुछ ना कुछ खाने के लिए आ जाता था। प्रिया के पापा हमारी तरफ अपने काम के सिलसिले में अकसर आ जाया करते थे। इसलिए आते समय रिया और उसकी मामी जी ज़रूर कुछ ना कुछ बना कर हमारे लिए भेज देती थीं और त्यौहार वगैरह पर तो हमारे घर से भी कुछ ना कुछ खाने के लिए आ जाता था। त्यौहार कोई भी हो

किसी ना किसी के घर से कुछ ना कुछ खाने के लिए ज़रूर आ जाता था। कुल मिलाकर अब हमारा छात्र जीवन थोड़ा सुखमय हो गया था। लेकिन, यह सुखमय जीवन केवल अंकुर और अत्सर के लिए था। मेरे लिए तो अगर एक तरफ फायदा था तो दूसरी तरफ नुकसान भी था। कहाँ पहले खाना भी मिल जाता था और प्रिया का हाथ पकड़ने का मौका भी मिल जाता था। अरे! ऐसा मैं नहीं बोल रहा हूँ, ऐसा अत्सर और अंकुर मुझे कह कर चिढ़ाते थे। अंकुर तो जब भी मौका मिलता, मजे लेना शुरू कर देता था।

एक महीने बाद हमें परीक्षा देने जाना था। परीक्षा केंद्र निर्धारित हो चुके थे। हम लोग अपने-अपने परीक्षा की तैयारी में जुटे हुए थे। अब परीक्षा पास आ गई थी, इसलिए मैंने प्रिया के घर भी जाना कम कर दिया था। कहाँ पहले, हफ्ते में दो दिन तो ज़रूर आना-जाना हो जाता था। किसी ना किसी बहाने मैं वहाँ पहुँच ही जाता था।

सब कुछ ठीक चल रहा था। हमारी पढ़ाई ने अब और ज़ोर पकड़ लिया था। अब हम लोगों का हर जगह आना-जाना बंद हो चुका था। वैसे भी परीक्षा के समय तो आना-जाना बंद ही हो जाता है। हम लोगों की पढ़ाई तीन हफ्ते तक तो ठीक चली लेकिन जल्द ही हमारे ऊपर एक समस्या आन पड़ी।

दरअसल, यह बात तब की है जब हम लोग अपनी पढ़ाई करने में ज़ोरों-सोरों से लगे हुए थे। अचानक फोन की घंटी बजी...। यह मोबाइल अत्सर का था। फोन अंकुर के पास रखा हुआ था। अत्सर और मैं, दोनों लोग एक प्रश्न हल करने में लगे हुए थे। इसलिए, अत्सर ने अंकुर को फोन पर बात करने के लिए कहा। अंकुर ने फोन उठाने के लिए जैसे ही हाथ बढ़ाया, फोन की घंटी बजनी बंद हो गई। अंकुर ने मोबाइल उठा कर कॉल रिकार्ड चेक किया। अंकुर ने मेरे से मजाक करते हुए कहा- "तर्पण तुम्हारे ससुराल से फोन आया है।" मैंने उसे इग्नोर किया और

साथ ही साथ अंकुर को एक हिदायत भी दिया की आइंदा वह ससुराल कहकर ना बुलाए। क्योंकि अभी मैं पढ़ाई कर रहा हूँ। इसलिए मुझे इन सब बातों से कोई मतलब नहीं है। उसने कहा- "माफ़ करना यार…। मैं तो मज़ाक़ कर रहा था।" अत्सर ने भी कहा- "अरे तुम इतना गुस्सा क्यों हो रहे हो? वह तो सिर्फ मज़ाक़ कर रहा था।" हम लोग तुमसे थोड़ा सा मज़ाक़ भी नहीं कर सकते क्या? अरे मज़ाक़ तो दोस्तों से ही किया जाता है। अब उन दोनों के इस भावुक अत्याचार से मैं भी ठंडा हो गया। मैंने भी अपनी तरफ से अंकुर से सॉरी बोला। अंकुर ने कहा- "कोई नहीं! सब चलता है। तुम अगर दो जूते भी मार देते तो भी चलता।" मैंने भी कहा- "अरे ऐसा क्यों बोल रहे हो…? मैं ऐसा करने का तो दूर, ऐसा कभी सोच भी नहीं सकता।" अत्सर ने कहा- "चलो ठीक है, अब तुम लोग शांत हो जाओ और कॉल बैक करके देखो, क्या बात है?" लेकिन मैंने अंकुर को कॉल बैक करने से मना कर दिया। मुझे लगा प्रिया ने कॉल किया होगा। वह ऐसे ही कॉल करती रहती थी। मेरे मना करने पर, अंकुर ने मोबाइल को उसकी जगह पर फिर से रख दिया। मैं और अत्सर फिर से अपना प्रश्न हल करने में लग गए। प्रश्न गणित का था। अत्सर को अच्छी-ख़ासी मैथ आती थी। पढ़ाई के मामले में हम तीनों की अलग ही कहानी थी। मुझे केमिस्ट्री अच्छे से आती थी और यह इसलिए क्योंकि मैं रटने में माहिर था। मुझे समीकरण रटने में मजा आता था। अंकुर फ़िज़िक्स का दीवाना था। वैसे तो थोडा बहुत सब को तीनों सब्जेक्ट आते थे। आता भी क्यों ना, परीक्षा तो तीनों विषय की देनी थी। परीक्षा में थोड़ी ना कोई किसी की हेल्प करने जाता है। हाँ यह था की तीनों के पास किसी एक विषय में पकड़ अच्छी थी। यही वजह थी की हमें कभी किसी विषय में कोई समस्या नहीं होती थी।

अंकुर अपना प्रश्न हल करने में लगा हुआ था। हम लोगों की पहले से प्लानिंग थी की जिसको जो सब्जेक्ट अच्छे से आता है, पहले उसे

अच्छे से हल करना होगा। मैंने अपना केमिस्ट्री का काम ख़त्म कर लिया था। अब मैं मैथ के प्रश्न हल कर रहा था। वह दोनों भी अंतिम छोर पर ही थे। हम लोग सुबह से बैठे हुए थे। जब भूख लगती तो तीनों मिलकर अपने लिए कुछ खाने के लिए जल्दी से बना लेते थे। लगभग आधे घंटे की कड़ी मेहनत के बाद, अंकुर और अत्सर ने भी अपना पसंदीदा विषय खत्म करके, दूसरे विषय की तैयारी में लग गए। यह हम लोगों का रोज का काम था। यह रविवार का दिन था।

अब हमारी परीक्षा की डेट भी पास आ गई थी। इसलिए अब हमारे कोचिंग भी बंद होने वाले थे। हमारे कोचिंग बंद होने में दो दिन और बाकी थे। दो दिन बाद हमें पूरा दिन पढ़ाई करने के लिए मिलने वाला था। हम लोगों ने अपना काम पूरा किया। काम पूरा करने के बाद, अत्सर ने उस फोन की बात को एक बार फिर से दुहराया। अत्सर ने कहा की एक बार कॉल-बैक कर लिए होते, हो सकता हो कोई ज़रूरी काम रहा हो। मैंने कहा अगर ज़रूरी काम होता तो दोबारा कॉल तो आती...। अंकुर ने कहा- "हाँ! सही कह रहे हो...।" उस बात को हमने इग्नोर किया। उस दिन हमने रात के दस बजे तक पढ़ाई की। पढ़ाई करने के बाद, हमने अपने लिए रात्रि का भोजन तैयार किया और खाना-खाने के बाद तीनों लेट गए। हम लोगों की रोज की एक आदत थी की हम लोग डिनर करने के बाद, दिन भर जो भी पढ़े-लिखे रहते थे, उसे एक बार दुहरा लिया करते थे। इसलिए इस बार भी हमने यही किया। ज़्यादातर मुझे ही बोलना पड़ता था। क्योंकि मैं केमिस्ट्री के समीकरण तैयार करता था। इसलिए, मुझे सारे समीकरण उन दोनों को सोने से पहले सुनाना पड़ता था। वह दोनों भी अपने-अपने पसंदीदा विषय के जो भी सूत्र होते थे, उन्हें एक बार सुनाते थे। इससे जो भी भूलता रहता था, एक बार दुहराने से हमें याद आ जाता था और फिर वह बात लंबे समय के लिए हमारे दिमाग में बैठ जाती थी। अपना जो भी याद करना था, उसे दुहराने

के बाद हम लोग सो गए। यह पहला रविवार था, जब हम लोगों ने रविवार के दिन बैठ कर पूरे दिन पढ़ाई किया था।

दूसरे दिन जब सुबह हुई, हम लोगों ने अपने लिए थोड़ा सा नाश्ता तैयार किया और कोचिंग के लिए तैयार हो गए। अचानक मेरी निगाह अत्सर के आँख पर पड़ी। उसकी आँख लाल सी हो गई थी। ऐसा लग रहा था जैसे उसने पूरी रात जागकर पढ़ाई किया हो। मैंने उसके आँख के बारे में उससे जानना चाहा। अंकुर ने भी कहा- "हाँ भाई! तुम्हारी आँखें सच में लाल हैं।" उसने यह कह कर बात को टाल दिया की कुछ नहीं वो तो रात को कोई कीड़ा आँख में चला गया था। लेकिन मुझे अभी भी संदेह था। क्योंकि अगर कीड़े की वजह से आँख लाल होती तो आँख में थोड़ी सी जलन भी होती। लेकिन ऐसा नहीं था। जब मैंने उससे पूछा तो उसने कहा की नहीं उसके आँख में जलन नहीं है। वह तो बस हल्का सा ही है, सब ठीक हो जाएगा। हमें इतना कह कर उसने जल्दी से कोचिंग जाने के लिए कहा। अंकुर अभी भी तैयार ही हो रहा था। मैंने उससे कहा जल्दी करो अंकुर, क्या लुगाइयों की तरह तैयार हो रहे हो। अंकुर ने कहा हाँ ठीक है। उसके तैयार हो जाने के बाद हम लोग अपने मंजिल की ओर चल दिये। कोचिंग में पहुँचने पर हमने देखा की अत्सर बार-बार स्वास्ती की ओर देख रहा था। वैसे यह काम तो वह रोज करता था। लेकिन, आज उसकी आँखों में एक अजीब सी बेचैनी थी। थोड़ी देर बाद टीचर भी क्लास में आ गए। आज हमारी क्लास दो घंटे ना चल कर, चार घंटे तक चली। ऐसा इसलिए, क्योंकि टीचर को दूसरे दिन कहीं जाना था। इसलिए, उन्होंने दूसरे दिन कोचिंग बंद रखने का मन बनाया था। अब जैसे ही टीचर ने कहा- "आज तुम्हारा क्लास में लास्ट दिन है, इसके बाद तुम्हें घर पर ही बैठ कर अपनी पढ़ाई करना है।" यह बात सुन कर अत्सर ने जल्दी से स्वास्ती की ओर देखा। अब उसकी आँखों में थोड़ी सी बेचैनी और बढ़ गई थी। मैंने उससे पूछा- "क्या हुआ भाई? सब ठीक है ना।"

उसने कहा- "हाँ! मैं तो ठीक ही हूँ। क्या हुआ? तुम ऐसा क्यों पूछ रहे हो?" अरे... कुछ नहीं, मुझे तुम थोडा परेशान से दिखे। इसलिए पूछ लिया...। उसने कहा नहीं ऐसा कुछ नहीं है, मैं बिल्कुल ठीक हूँ। उसके इतना बोलने के बाद मैंने टीचर की बातों पर ध्यान देना शुरू किया। टीचर हमें यह बता रहे थे की कैसे पढ़ाई करनी है। अपने आप को कैसे परीक्षा के लिए तैयार करना है। अब अत्सर भी टीचर की ओर देख रहा था। टीचर ने कहा- "कोर्स तो मैंने पहले ही पूरा कर दिया है, अब तुम्हें अपनी पढ़ाई अच्छे से करनी होगी।" इतना बोल कर टीचर ने अपना पढ़ाने का सिलसिला फिर से आगे बढ़ाया। इस समय जो पढ़ाया गया था, उसी को दुहराने के लिए कोचिंग अभी तक चल रही थी। हमारी केमिस्ट्री और मैथ की क्लास पहले ही बंद हो चुकी थी। अब केवल फिजिक्स की क्लास चल रही थी।

पूरे चार घंटे लगातार पढ़ाई करने के बाद, हम लोग बाहर निकले। टीचर ने हमें जाते समय 'बेस्ट ऑफ लक' बोला। पूरी क्लास ने भी उन्हें थैंक्स कहा। सब लोग बाहर निकले। वैसे तो हमारी क्लास एक और दिन के लिए चलने वाली थी परन्तु जैसा मैंने पहले ही कहा की हमारे अध्यापक को कहीं जाना था इसलिए उन्होंने आज से ही क्लास का समापन किया।

आज का दिन कोचिंग में हमारे लिए अंतिम दिन था, इसलिए सब लोग आपस में मिलने-जुलने में लगे हुए थे। हम लोग भी बाहर आकर खड़े हो गए। हम लोग तो साथ ही रहते थे, इसलिए हमें तो और सब की तरह मिलने-जुलने की ज़रूरत नहीं थी। हम लोग दूसरों के क्रियाकलापों को देख कर ही खुश हो रहे थे। मुझे मेरे मामा जी ने बुलाया था। इसलिए, मैंने अत्सर और अंकुर से जाने के लिए पूछा। मैं चाहता था की वह लोग भी मेरे साथ चलें। लेकिन अत्सर ने मना किया, इसलिए मैं अकेले ही चला गया। वैसे भी अगर अत्सर ना जाता तो अंकुर भी ना

जाता। मैं वहाँ से चला गया। अब अत्सर और अंकुर वहाँ पर थे। लगभग एक घंटे मामा के घर रहने के बाद, जब मैं कमरे पर वापस आया, तो मैंने देखा की कमरे पर अंकुर अकेले था। मैंने अंकुर से अत्सर के बारे में पूछा- 'अत्सर कहाँ गया?' "उसने बताया की उसे कुछ ज़रूरी काम था, इसलिए वह तुम्हारे जाने के बाद वहाँ से चला गया था।" - अंकुर ने जवाब दिया। उसने मेरे से कहा की तुम कमरे पर चलो, मैं अभी थोड़ी देर में आता हूँ। जब अंकुर ने ऐसा कहा, तब एक पल के लिए मैंने सोचा की उसके पास ऐसा कौन सा ज़रूरी काम हो सकता है, जो वह अंकुर को साथ नहीं ले गया। फिर मैंने भी ज्यादा दिमाग पर ज़ोर नहीं डाला। मुझे भी लगा हो सकता हो कोई ज़रूरी काम रहा होगा। हम लोगों ने कुछ खाने-पीने का इंतजाम करने का मन बनाया। लेकिन फिर अंकुर ने कहा- "नहीं! अभी रहने दो, थोड़ी देर में अत्सर भी आ जाएगा तब कुछ बनाएंगे।" मैंने भी कहा- "ठीक है।"

अब अत्सर फ्लैट पर नहीं था, इसलिए टाइम पास करने के लिए हम लोगों ने कैरम बोर्ड निकाला। हम लोग कैरम बोर्ड खेल रहे थे, पर मेरे दिमाग में अभी भी वह कोचिंग वाली बात घूम रही थी। अरे वही अत्सर की आँखों में बेचैनी वाली बात। मैंने अंकुर से इस बारे में बात किया। उसने कहा- "यार! मैंने ध्यान नहीं दिया, तुमने यह बात मेरे से पहले क्यों नहीं बताया।" मैंने उससे कहा- "यार! अत्सर मुझे कुछ परेशान भी दिख रहा था।" और तो और वह स्वास्ती की ओर आज कुछ ज्यादा ही देख रहा था। पहले रहता था तो वह कभी-कभी थोड़ी सी पढ़ाई भी कर लेता था। परन्तु आज तो वह ऐसे ही ख़ाली मन दुखी करके बैठा रहा।

हवा का झोंका

हवा का झोंका आया, खुशबू सी बिखर गई,
साथ तेरे यादों की किताब फिर से खुल गई।

अंकुर ने घड़ी देखा- "यार, दो घंटे हो गए, अभी तक अत्सर आया नहीं, क्या बात हो सकती है?" अब मुझे भी थोड़ा सा डर लग रहा था। मैंने अंकुर से कहा- "यार, चलें क्या? देखते हैं, कहा है वो?" लेकिन अंकुर ने कहा- "यार! उसे हम लोग ढूँढेंगे कहाँ? उसने बताया तो है नहीं की वह जा कहाँ रहा है।" अंकुर की बात भी सही थी। उसे हम लोग कहाँ-कहाँ ढूंढते, वह भी शहर में...।

हम लोगों के बीच यह सब बातें चल ही रही थी की तभी अत्सर आ गया। लेकिन, वह पता नहीं क्यों बहुत खुश दिख रहा था। इसके पहले कोचिंग में तो बहुत परेशान सा दिख रहा था। मुझे थोड़ी सी हैरानी ज़रूर हुई। लेकिन फिर खुशी भी हुई की चलो कम से कम मैंने उसे खुश तो देखा, अब वजह चाहे जो भी हो। लेकिन पता नहीं क्यों मुझे ऐसा लग रहा था, जैसे वह अभी भी अंदर ही अंदर नाखुश ज़रूर था। लेकिन फिर भी मैंने इस बात को इग्नोर किया। अत्सर आकर मेरे बगल में लगे सोफ़े

पर बैठ गया। अरे! भाई, यह सोफा हमारा नहीं था। यह हमारे मकान मालिक ने हमें उपयोग करने के लिए दिया था और दिया भी इसलिए था, क्योंकि यह सोफा अब बहुत पुराना हो गया था और उनके पास अब एक नया सोफा आ गया था। यह नया सोफा उन्हें उनके बेटे की शादी में दहेज़ में मिला था। उनके घर में अब इस पुराने सोफे को रखने के लिए जगह नहीं थी। इसलिए, मजबूरी में हमारे कंजूस मकान मालिक ने हमें यह सोफा उपयोग करने के लिए दे दिया था। हम लोगों ने अपने मकान मालिक द्वारा दिए गए सोफे को बाल्कनी में रख दिया था।

सोफे पर बैठने के बाद, अत्सर ने हँसते हुए गहरी सी साँस ली...। हम लोग भी उसके पास आकर बैठ गए। अंकुर ने पूछा की वह कहाँ गया था? उसने कहा कहीं नहीं बस ऐसे ही थोड़ा सा काम था। अंकुर ने कहा- "थोड़ा सा या ज़रूरी...?" उसने कहा- "हममम.... ज़रूरी ही था।" अंकुर ने कहा- "चलो ठीक है, ज़रूरी काम था तो अच्छी बात है।" मैंने कहा- "कौन सा ज़रूरी काम? अरे, कौन सा ऐसा काम था जो तुमने हमें बताना भी अच्छा नहीं समझा। ठीक है, नहीं बताया तो कोई नहीं, कम से कम एक फोन तो कर देते की तुम हो कहाँ? तुम तो जानते हो की हम दोनों के मोबाइल में बैलेंस नहीं था। हम लोग यहाँ परेशान हो रहे थे। हम लोगों ने कैरम बोर्ड निकाला खेलने के लिए, वह भी कब से लेकर बैठे रहे लेकिन उसे भी पूरा नहीं कर पा रहे थे। कब से गोटियाँ इधर-उधर मारते जा रहे थे। लेकिन एक भी गोटी किसी के भाग्य में नहीं आ रही थी।" अंकुर ने कहा- "भाई! सही बोल रहे हो। अब तो अत्सर तुम्हें बताना ही पड़ेगा की आखिरकार ऐसी कौन सी बात थी, जिसने तुम्हें सुबह से परेशान कर रखा था।" इतना कहने के बाद, अत्सर ने कहा- "ठीक है, सुनो...।" वह कुछ बोलता तभी मैंने उससे कहा की पहले तुम यह बताओ की तुम्हारी आँख का अब क्या हाल है? और आज तुम बार-बार स्वास्ती की ओर देखकर परेशान क्यों हो रहे थे? और तुम्हारी आँखें आज

लाल क्यों थी? उसने कहा- "अरे रुको यार...। ...एक-एक प्रश्न करोगे तब तो मैं ठीक से जवाब दे पाऊँगा ना...।" उसने कहा- "पहले तो मैं तुम्हें यह बता दूँ की मेरी आँख अब बिल्कुल ठीक है और अब तक तुमने जितने भी प्रश्न किए हैं, वह सब एक दूसरे से जुड़े हुए हैं। अंकुर ने तफ़री लेते हुए कहा- "एक दूसरे से जुड़े हैं, मतलब की यहाँ तो बहुत बड़ा झोल है। जहाँ तक मुझे लगता है, इसमें प्यार की कहानी ज़रूर होगी। इस कहानी में एक लड़की भी हो सकती है और हो सकता हो लड़का उस लड़की को लेकर परेशान भी रह चुका हो। भाई हमारी तो जो भी लव स्टोरी थी, उससे तो आप साक्षात परिचित हो चुके हैं। हम आपके बारे में ठीक से नहीं जानते हैं। अगर इस कहानी में कोई लव स्टोरी है, तो कृपा करके शुरू से बताना...।" अत्सर ने कहा- "अरे... ऐसा कुछ नहीं है।" फिर से अंकुर ने कहा- "भाई मुझे ऐसा लगता है की आप झूठ बोल रहे हो, इसके पहले मुझे ऐसा कभी नहीं लगा। लेकिन आज पता नहीं क्यों मेरा मन कह रहा है की जैसे आपने हम लोगों से अपने जीवन की कोई ना कोई कहानी को ज़रूर छिपाया है।" मैंने भी कहा- "हाँ अंकुर! तुम ठीक बोल रहे हो। मुझे भी पता नहीं क्यों ऐसा लग रहा है।" अत्सर ने कहा- "अरे... रुको नालायकों... तुम लोग मुझे कुछ बोलने भी दोगे...।" हम दोनों ने कहा- "हाँ! बिल्कुल बोलो, लेकिन आज तुम्हें अपनी लाइफ़ की वह पूरी कहानी अच्छे से सुनानी है, जिससे हम लोग अब तक वाकिफ नहीं हैं। आज तो हमें जानना ही है।" अंकुर ने कहा- "भाई कृपा करके एक भी बात छिपाना नहीं।" उसने अत्सर का हाथ अपने सर पर रखा और कहा- "भाई आपको मेरी कसम, आज तो आपको अपनी जो भी कहानी है, बतानी है। क्योंकि हम लोगों ने कई बार ऐसा नोटिस किया है की जैसे स्वास्ती के लिए आप के दिल में बहुत प्यार है।" तब अत्सर ने अंकुर को धीरे से एक थप्पड़ मारा और कहा- "तो इसमें कसम खाने की क्या ज़रूरत है।"

चलो ठीक है, मैं तुम्हें अपनी कोचिंग लाइफ़ की पूरी कथा सुनाता हूँ। अंकुर ने कहा- "भाई अभी एक मिनट रुक जाओ...।" मैंने कहा- "अब क्या हो गया? वह दौड़ता हुआ रूम के अंदर गया और चटाई लेकर आया।" अत्सर ने कहा- "यह किस लिए।" उसने कहा- "अभी बताता हूँ...।" उसने चटाई को उसके सामने बिछाया और फिर उस पर बैठ गया। अब उसने कहा- 'हाँ अब ठीक है, भाई अब सुनाओ।' अत्सर ने कहा- "यह क्या...? मैं कोई रामायण थोड़ी ना सुना रहा हूँ।" अंकुर ने कहा- "भाई मेरे लिए तो रामायण ही है।" मैंने भी कहा- "हाँ, अंकुर भाई तुम सही बोल रहे हो, मैं भी आता हूँ।" मैं भी उसके पास चटाई पर जाकर बैठ गया। अत्सर ने कहा- "यह क्या कर रहे हो तुम लोग? तुम लोग नीचे बैठो और मैं ऊपर, यह कैसे हो सकता है। तुम लोग जल्दी से ऊपर आकार बैठ जाओ, नहीं तो मैं तुम्हें कुछ नहीं बताने वाला।" मैंने कहा- "नहीं भाई, अब तुम ऐसा नहीं कर सकते। अंकुर का कसम तुम नहीं तोड़ सकते।" अंकुर ने कहा- "भाई तुम्हें कहानी सुनानी है और हमें सुनना है, अब यह हमारी मर्जी, हम जहाँ चाहें वहाँ बैठ कर सुनें।" अत्सर ने कहा- "अरे... तुम लोग भी ना... कभी-कभी मुझे धर्म संकट में डाल देते हो। इससे तो अच्छा था की तुम लोग मेरे सर पर बैठ जाते।" अंकुर ने कहा- "भाई अब देर ना करो, जल्दी करो मेरे अंदर ढोल-नगाड़े बज रहे हैं।" उसकी यह बात सुनकर अत्सर हँसने लगा और उसके साथ-साथ मैं भी हँसने लगा। अत्सर ने कहा- "चलो जैसी तुम्हारी मर्जी। इससे पहले मैं तुम्हें बता दूँ की मेरी इस कहानी में कुछ खास दम नहीं है। तुम लोग इस कहानी को सुनकर बोर ही होने वाले हो।" मैंने कहा- "वह सब छोड़ो तुम सिर्फ कहानी सुनाओ। तुम बात को गोल-गोल घूमा रहे हो।

हम दोनों चटाई पर बैठे थे। अत्सर ने बोलना शुरू किया...

"अंकुर तुम्हें याद होगा, तुमने एक बार कोचिंग से घर वापस आते समय कहा था की लड़की क्यूट है।" यह तुमने स्वास्ती के बारे में कहा था।

दरअसल! तुमने बात तो बिल्कुल सही कहा था। वह क्यूट ही नहीं, वह बहुत अच्छी भी है। ऐसा मेरे दिल की धड़कनें कहती हैं। मैं हर पल उसी के बारे में सोचता रहता हूँ। मैं हर पल उसी के खयालों में डूबा रहता हूँ। हाँ! बस इतना है की किसी को इसके बारे में कभी पता नहीं चलने देता हूँ। यहाँ तक की जब मैं तुम लोगों को मैथ के प्रश्न बताता रहता हूँ, तो उस समय भी वह बीच-बीच में मेरे खयालों में आ ही जाती है। वह उस समय भी मेरे दिलो-दिमाग में रहती है। मैं बड़ी मुश्किल से अपने मन को एकाग्र करके, तुम लोगों को प्रश्न का हल समझाता हूँ और उस समय जो भी मैं तुम्हें बताता हूँ, मुझे खुद नहीं याद होता की मैं क्या कर रहा हूँ। बस जो समझ में आता है, वही करता जाता हूँ। वह बात अलग है की प्रश्न का उत्तर सही आ जाता है। यह सब इसलिए संभव हो पा रहा है क्योंकि, उसे देखने से पहले ही मैंने यह सब पढ़ रखा था। इसलिए, सारे प्रश्न मुझे रटे हुए हैं। मैं जो भी तुम्हें बताता हूँ, वह सब मैं रटे हुए प्रश्न तुम्हें समझाता हूँ। क्योंकि मुझे कुछ भी समझ में तो आता नहीं है। तुम लोग प्रश्न हल करने के लिए देते हो, मैं प्रश्न देखता हूँ और मेरे दिमाग में पहले वाले उत्तर याद आने शुरू हो जाते हैं। यह तो अच्छा है की आज तक तुम लोगों ने ऐसे प्रश्न नहीं पूछे, जो मैंने पहले कभी हल नहीं किए थे। अगर तुम लोग ऐसे प्रश्न पूछते जो मैंने पहले से हल नहीं किए थे तो मैं तुम्हारे प्रश्नों को शायद ही हल कर पाता।

उस दिन, जब तुमने मेरे से यह कहा की लड़की क्यूट है, तब मैं उसके खयालों में ही डूबा था। इसलिए, मैंने तुम्हारी बात पर कोई प्रतिक्रिया नहीं किया था। कोचिंग में एक भी ऐसा दिन नहीं होता था, जब मैं उसको लेकर सपने ना देखता था। शुरू-शुरू में तो मैं कभी-कभी सपनों में

ही उसके साथ हनीमून पर भी चला जाता था और यह सारे सपने मैं दिन में ही देखता था। मैं क्लास में रहता ज़रूर था, लेकिन मेरा दिमाग, टीचर क्या पढ़ा रहा है, उस पर नहीं बल्कि स्वास्ती के पास रहता था। टीचर को लगता था की मैं बहुत ध्यान से पढ़ाई कर रहा हूँ। लेकिन ऐसा कुछ नहीं था। मेरा ध्यान तो ब्लैक बोर्ड पर होते हुए भी वहाँ पर नहीं था। यह सब तो ठीक था। इतना सब कुछ तो ज़्यादातर आशिक कर जाते हैं। लेकिन मेरी सोच कुछ और ही थी। मैंने अपने-आपको उसके प्रति इतना एकाग्र कर लिया था की पूछो मत...। वह मेरे से दश कदम दूर भी किसी से कुछ बोल रही होती थी तो भी मैं उसकी बातों को सुन लेता था। अरे ऐसा मैं नहीं कह रहा हूँ, बल्कि मुझे ऐसा लगता है। मुझे लगता है, जैसे वह मेरे बारे में ही बात कर रही हो। इसी तरह की मेरी एक सोच है की मैं एक बार कोचिंग से बाहर निकला। उस दिन तुम लोग मेरे साथ नहीं थे। उस दिन भी उसके पापा जी उसे कोचिंग में छोड़ने के लिए आए हुए थे।

मैं बाहर निकला। वहाँ पर उसके पापा जी खड़े थे। वह उसका इंतजार कर रहे थे। मैं टीचर से प्रश्न पूछकर बाहर निकल रहा था। ऐसा नहीं की मुझे प्रश्न नहीं आ रहा था इसलिए मैं अपनी समस्या को लेकर टीचर के पास गया था, बल्कि इसलिए की मैं उस पर लाइन मार सकूँ। क्योंकि वह भी प्रश्न पूछने के लिए गई थी। ...अरे! भाई मैं प्रश्न पूछने तब जाता ना, जब मेरे पास कोई समस्या होती और समस्या तो तब होती है जब आप कोई प्रश्न हल करें। ...हाँ! एक परिस्थिति और है, जब हमारे पास समस्या होती है, और वह तब जब आप कभी किताब ही ना उठाएँ। ऐसी स्थिति में तो पूरी किताब ही हमारी समस्या होती है। मैंने वह प्रश्न पहले से हल कर रखा था। लेकिन फिर भी मैं उसके पीछे से गया, वह भी ऐसा प्रश्न लेकर, जो मैंने पहले से हल कर रखा था। मेरे पास जो किताब थी, मैंने जल्दी से उसमें से एक चैप्टर खोला और उसमें से एक प्रश्न लेकर टीचर के पास पहुँच गया। वह आगे खड़ी थी। उसके साथ उसकी

दोस्त भी थी। मैं अपने हाथ में एक मोटी सी किताब लिए उसकी तरफ तिरछी निगाह से देख रहा था। कुछ छात्र पहले से आए हुए थे। वह सब भी अपनी-अपनी समस्या लेकर टीचर के पास आए हुए थे।

थोड़ी देर तक इंतजार करने के बाद उसका नंबर आया। उसने एक प्रश्न पूछा। टीचर ने उसके प्रश्न को ऐसे ही मुँह-जुबानी बताया और फिर उसे व उसकी दोस्त को कॉपी पर हल करने के लिए कहा और फिर मुझे प्रश्न पूछने के लिए बुलाया। मैंने जान बूझकर उस तरफ से जाना चाहा, जिस तरफ वह खड़ी थी। उस तरफ थोड़ी सी ही जगह थी। इसलिए टीचर ने दूसरी तरफ से निकलने के लिए कहा। लेकिन तब तक उसने मेरे निकलने के लिए जगह खाली कर दिया था। मैं उसके बगल से निकला। मेरा हाथ उसके हाथ से छू गया। जैसे ही उसका हाथ मेरे हाथ से लगा, मेरे अंदर की सारी घंटियों ने बजना शुरू कर दिया। मैंने किसी तरह अपने-आपको सँभाला और टीचर के पास पहुँचा। मैंने अपनी समस्या को टीचर के सामने पेश किया। टीचर ने प्रश्न देखा और बोला- "अरे! बेटा तुम इतनी जल्दी यहाँ कैसे पहुँच गए? यह अध्याय तो मैंने अभी पढ़ाया भी नहीं है।" मैंने गलती से दूसरे अध्याय में टिक लगा दिया था। अब मुझे अपनी बात को सही ठहराना था। इसलिए, मैंने अपनी सफाई में कहा- "सर! मैंने पहले से ही थोड़ा सा पढ़ रखा था।" टीचर ने कहा- "चलो अच्छा है। यह सब तो अच्छी बात है, मैं तो कहता हूँ की तुम और जल्दी आगे बढ़ो।"

चलो ठीक है, अगर तुमने इस अध्याय को पहले से हल कर लिया है तो फिर तुम्हें इसके फ़ार्मुले भी आते होंगे। उन्होंने मेरे से एक फॉर्मूला उत्पन्न करने के लिए कहा। चलो यह तो अच्छा था की मैंने उस अध्याय को थोड़ा सा पहले से ही पढ़ रखा था। इसलिए मैंने कहा- "सर! यह फॉर्मूला उत्पन्न करने के लिए हमारे पाठ्यक्रम में तो है ही नहीं...।" तब उन्होंने कहा- "इसका मतलब सच में, तुमने पहले से इस अध्याय को पढ़

रखा है।" यह तो अच्छा हुआ की उन्होंने कोई दूसरा प्रश्न नहीं पूछा। इसके बाद उन्होंने मेरे प्रश्न को हल किया। उस दिन मेरा एक और भाग्य काम कर गया। मैंने जो प्रश्न टीचर से पूछा था वह किसी फ़ार्मुले पर आधारित नहीं था। अगर वह प्रश्न किसी फ़ार्मुले पर आधारित होता तो जाहिर सी बात थी की वह मेरे से वह फॉर्मूला ज़रूर पूछते और फिर मैं पकड़ा जाता। टीचर ने मेरा प्रश्न हल किया। तभी उन लोगों ने भी अपना प्रश्न हल करके, उन्हें दिखाने के लिए ले आईं। मैं बगल से निकल गया। टीचर ने उनका उत्तर देखा और कहा सही है। मैं अब तक वहाँ से जा चूका था।

थोड़ी देर बाद, जब मैं कोचिंग के गलियारे से गुजर रहा था, तब मैंने पीछे मुड़कर देखा तो वह लोग भी आ रहे थे। मैं बाहर आकर थोड़ी देर के लिए वहीं पर खड़ा हो गया। वह दोनों बाहर आ गईं। उसकी दोस्त ने अपनी स्कूटी लिया और वह वहाँ से चली गई। स्वास्ती अपने पापा के पास पहुँची। मैं भी वहाँ से चल दिया। जैसे ही मैं थोड़ी दूर चला, मेरे कानों में आवाज आई की जैसे वह अपने पापा से बोल रही हो की यह लड़का मेरी तरह चलता है। अरे... उसकी तरह मतलब उसकी जैसी रफ़्तार, ऐसा नहीं की मैं लड़कियों की तरह चलता हूँ। अब, यह सच था या फिर मेरे दिमाग में ऐसे ही सब चल रहा था, यह मुझे खुद नहीं पता। इतना सुनने के बाद उसके पापा ने कहा- "हाहाहा... चलता है? इसका मतलब यह लड़की है।" स्वास्ती ने कहा- "अरे चलता है मतलब... रफ़्तार की बात कर रही हूँ।" उसके पापा ने कहा- "अरे इसके बाल तो देखो, यह बीच से माँग निकालता है।"

अब सच कुछ भी हो, लेकिन मुझे तो यही सुनाई दिया था। हो भी सकता हो की उन्होंने ऐसा कहा हो क्योंकि मैं उस समय ऐसे ही बाल रखता था। मेरे बाल थोड़े से बड़े हो गए थे। इसलिए अगर मैं बगल से भी मांग निकालता तो भी वह बाद में बीच से ही हो जाते थे। हालांकि उनकी

यह बात सुनने के बाद मुझे गुस्सा तो बहुत आया था। मन ही मन तो मैं यह भी बोल गया था की एक बार अपनी बेटी को मेरे पास छोड़ जाओ, फिर आपको पता चल जाएगा की मैं लड़का हूँ या लड़की। लेकिन मुझे ऐसा नहीं सोचना चाहिए था। उन्होंने तो सिर्फ मज़ाक़ किया था। लेकिन मैं भी अपनी जगह सही था। आखिरकार! मैं भी तो एक इंसान ही था, उनकी बात का बुरा मानना तो मेरे लिए लाजमी था। वैसे भी मैंने ज्यादा गलत सोच के साथ नहीं बोला था। वह तो बस मैं अपनी भावनाओं में बहकर ऐसा बोल गया था। खैर, जो भी हो अब एक बार जो सोच लिया सो सोच लिया।

अब जब तक उनकी यह बात चलती, मैं उन लोगों से लगभग दस कदम आगे बढ़ चुका था। अब यह सब सच था या महज यह सब मेरे सुनने-समझने में फेर था, इसका कुछ भरोसा नहीं...। मैंने अपनी साइकिल कोचिंग से थोड़ी दूर पर रख रखा था। मैंने अपनी साइकिल वहाँ इसलिए रखा था, क्योंकि वह भी जब साइकिल से आती थी तो वहीं पर अपनी साइकिल रखती थी। लेकिन इन सब का फायदा क्या था।

मैं बार-बार यही सोचता हूँ। मैं उसकी तरफ देखता तो था नहीं...। बस मन ही मन में खयाली पुलाव पकाता रहता था। उस समय मैंने जो भी बात मन ही मन सोच रखा था। वह बात मेरे दिमाग में बैठ गई थी। जितना उनकी बात का मुझ पर असर नहीं था उससे कहीं ज़्यादा तो मुझे अपनी उस सोच पर पछतावा हो रहा था। इसलिए, मैंने उसी दिन से यह सोच लिया था की मैं अब उसके बारे में ऐसा कभी नहीं सोचूँगा। वह तो बस गुस्से ही गुस्से में मैंने ऐसा सोच लिया था। लेकिन मुझे ऐसा नहीं सोचना चाहिए था। क्योंकि यह सब तो एक तरह से, महज मेरी एक कल्पना ही थी। कोई किसी की बात को इतनी दूर से कैसे सुन सकता है। लेकिन अगर दूसरी तरफ से देखा जाए तो ऐसा हो भी सकता है।

क्योंकि जब भी वह मेरे आस-पास होती थी, मेरे आँख और कान में से कोई ना कोई उसकी तरफ एकाग्र ज़रूर होता था। सुनने वाला भी यह सोच-सोच कर पागल हो जाए की कोई किसी के प्यार में इतना दीवाना कैसे हो सकता है? लोग प्यार में जान दे देते हैं और पता नहीं क्या-क्या करते हैं। लेकिन मेरा प्यार कुछ अलग ही है।

शुरू-शुरू में तो, जब तुम लोग अपनी साइकिल, साइकिल स्टैंड में रखते थे तब मैं भी तुम्हारे साथ ही अपनी साइकिल वहीं पर रखता था। लेकिन, जब मैंने उसे अपनी साइकिल वहाँ रखते हुए देखा, तब मैंने भी अपनी साइकिल वहीं पर रखना शुरू कर दिया। तुम लोगों ने कई बार इस बात को लेकर मेरे से यह प्रश्न किया की मैं अपनी साइकिल वहाँ क्यों खड़ी करता हूँ? तो उस समय मैं तुमसे यह बात कहता था की यार वह इसलिए, क्योंकि यह लोग पैसे लेते हैं और बार-बार कौन टोकन लेने जाए। लेकिन यह बात सच नहीं थी। असल बात तो यह थी की मैं उसकी वजह से अपनी साइकिल को वहाँ पर खड़ी करता था। क्योंकि, उसकी साइकिल के बगल में अपनी साइकिल खड़ी करने से मुझे सुकून मिलता था। एक बार तो ऐसा हुआ की मेरी साइकिल उसकी साइकिल के ऊपर गिर गई थी। यह देख मैं मन ही मन बहुत कुछ सोच गया था। अब एक तरफ से देखा जाए तो मैं बहुत बड़ा पगला भी था। क्योंकि जब वह मेरी तरफ देखती तो भी मैं उसकी तरफ नहीं देखता था। बस मन ही मन खयाली पुलाव पकाता रहता था। एक बार ऐसा ही हुआ। मैंने अपनी साइकिल उसके साइकिल के पास रख रखा था। बगल में और ढेर सारी साइकल्स खड़ी थी। अगर उस समय दूसरा लड़का होता तो वह पहले उसे साइकिल निकालने देता और खुद खड़े होकर उसे देखता। लेकिन इस कहानी में उलटा हुआ। जैसे ही मैं वहाँ अपनी साइकिल निकालने के लिए पहुंचा, वह भी वहाँ आ गई। अब मैंने पहले उसे साइकिल निकालने को ना कह कर खुद ही घुस गया। मैंने अपनी

साइकिल वहाँ से निकाल लिया। अब यहाँ भी मुझे लग रहा था की जैसे वह मेरी तरफ देख रही हो।

इतना सब सोचना तो ठीक था। लेकिन जब मुझे ऐसा लग रहा था की वह मेरी तरफ देख रही है तो मुझे कम से कम उसकी तरफ सर मोड कर देखना तो चाहिए था। लेकिन नहीं... पता नहीं किस धुन में था मैं...। मैंने अपनी साइकिल लिया और वहाँ से चला गया। बाद में उसने भी अपनी साइकिल लिया और वहाँ से चली गई। जहाँ हमारी साइकिल खड़ी होती थी उसके थोड़ी दूर तक तो हमें एक ही रास्ते से जाना होता था। लेकिन थोड़ी दूर बाद, दोनों को अपने-अपने रास्ते से जाना होता था। कुल मिलाकर ऐसा समझ लो की जैसे मेरे साइकिल के पीछे का पहिया उसके साइकिल के पीछे के पहिये की तरफ हो। मुझे उस मोड तक ऐसा लग रहा था जैसे वह मेरी तरफ देख रही हो। अब जैसे ही वह मोड आया, जैसे ही मैं अपने रास्ते पर जाने के लिए मुड़ा, पाँच कदम दूर चलने के बाद मुझे लगा की एक बार मुड़कर देखना चाहिए। इसलिए मैंने अपनी साइकिल को रोका और उसकी तरफ देखा। लेकिन अब कोई फायदा नहीं था, अब बहुत देर हो चुकी थी। वह अपने रास्ते से होकर आगे बढ़ी जा रही थी। मैंने भी उदास मन से अपनी साइकिल को खींचना शुरू कर दिया।

अगर देखा जाए तो यह भी एक तरह की कल्पना ही थी की वह मेरी तरफ देख रही थी। ऐसा मैंने इसलिए नहीं सोचा की वह मेरी तरफ देख रही थी, बल्कि मैंने भी उसकी ओर तिरछी निगाह से देखा था। इसलिए मेरे दिमाग में यह खयाल आया था। हाँ! मैं यह मानता हूँ की तिरछी निगाह से सब कुछ साफ नहीं दिखता। लेकिन फिर भी इतना तो पता चल ही जाता है की इंसान का चेहरा किस तरफ है। कुछ ऐसा ही था वह नजारा। मैं उस दिन तो वहाँ से वापस चला आया। लेकिन मेरा मन अभी भी उसी की यादों में था। मैं अभी भी उसी के खयालों में था। कोचिंग से

वापस आने के बाद, मैं जब तुम लोगों के साथ व्यस्त हो जाता, तब मुझे एक पल के लिए उसे भूलना पड़ता था। लेकिन किसी ना किसी तरह से वह मेरे दिमाग में आ ही जाती थी। अब मुझे लगभग सारी लड़कियाँ उसी के जैसी दिखने लगी थी। अगर कोई भी लड़की उसके चेहरे से जरा सी भी मैच करती थी तो मुझे लगता था की यह वही है। लेकिन यह सब सिर्फ मेरा एक वहम था। इसे महज एक कल्पना ही मान लेना बेहतर होगा।

मैं अब हर रोज अपनी साइकिल वहीं पर खड़ी करने लगा, जैसा की तुम्हें पहले से ही पता है। तो आज मैं तुम्हें बता दूँ की यह कोई पैसा बचाने या फिर टोकन ना लेने की वजह से नहीं था, बल्कि यह अपनी साइकिल को उसके साइकिल के पास रखने की एक चाल थी। मुझे खुद कुछ समझ में नहीं आ रहा था की मैं क्या कर रहा हूँ। अरे! साइकिल खड़ी करने से कोई काम होता है क्या? जब तक की मैं उसकी ओर ना देखता...। लेकिन कौन समझाए, मेरे दिमाग में तो भूसा भरा हुआ था।

यह सिलसिला आज तक चला। आज भी वह साइकिल से ही आई हुई थी। आज उसके पापा उसे छोड़ने के लिए नहीं आए थे। यह मेरे लिए एक तरह से खुशी का दिन था, ऐसा मुझे लगता है। लेकिन आगे की कहानी सुनने के बाद पता नहीं तुम्हारी क्या प्रतिक्रिया होगी। अभी तक तो मैं जो भी बता रहा था, वह सब तो बस ऐसे ही चल रहा था। और हाँ एक और बात बता दूँ की मैं उसको लेकर कभी-कभी बहुत आगे तक भी सोच गया हूँ। इन सब के बारे में मैंने शायद एक बार तर्पण से बताया भी था। तर्पण भाई, शायद तुम्हें याद भी होगा। खैर छोड़ो क्या करना, चलो मैं अब तुम्हें आज का एक राज बताता हूँ।

तर्पण, जब तुम क्लास ख़त्म होने के बाद, वहाँ से मामा के घर चले गए थे, तब मैं और अंकुर वहाँ पर थे। यह तो तुम्हें भी पता है। लेकिन शायद तुम्हें अंकुर ने बताया की नहीं की तुम्हारे जाने के बाद मैंने अंकुर को

अकेले फ्लैट पर आने के लिए कहा था। मुझे खुशी है इस बात की कि मेरे कहने पर इसने ज्यादा जिद नहीं किया की मैं इसके साथ ही घर चलूँ।

अब, आगे हो सकता हो! तुम्हारे लिए, कुछ रोमांचक बातें भी मिल जाएँ। मैं जानता हूँ, तुम जानने के लिए उत्सुक हो की मैंने अंकुर को वहाँ से जाने के लिए क्यों कहा? दरअसल, बात यह थी की आज मैं स्वास्ती से कुछ कहने के लिए गया था...। अरे कुछ खास बात नहीं, बस ऐसे ही...। चलो अच्छा, बता ही देता हूँ। अब ज्यादा गोल-गोल घुमाना भी अच्छा नहीं है। वैसे भी अंकुर कब से आस लगाए बैठा है की अब कुछ मजेदार कहानी आएगी। लेकिन हर बार उसे निराश ही होना पड़ता है। बता रहा हूँ, अंकुर! बता रहा हूँ ...अब आगे आज की कहानी ही है।

दरअसल, आज सुबह, जब हम लोग कोचिंग जा रहे थे, तब तुम लोगों ने मेरे से पूछा था की मेरी आँख लाल क्यों है? तो मैं तुम्हें बता दूँ की इसकी वजह थी, स्वास्ती। दरअसल, अब कोचिंग में हमारे दो दिन ही बचे थे। इसलिए, मैं रात भर अपने दिमाग में यही सोचता रहा की मैं अपने दिल की बात उसके सामने कैसे रखूँ? मैं इसी खयाल में खोया था। अचानक मेरे दिमाग में एक तरकीब आई और वह इस तरह थी की- "मैंने उसे देख तो लिया है, अब भले ही हमारी अच्छी मुलाक़ात ना हुई हो फिर भी मिले तो हैं ही ना। तो देखा जाए तो हमारा मिलन हो गया है। अब इसके बाद आता है, दोस्ती करने का समय, फिर प्यार और अंत में शादी।" यह मेरे प्यार का समीकरण था। मैंने इसे नाम दिया है- "लव ट्राफ़िक रूल"। मैं यह सोचकर गया था की अगर उसने मेरे से दोस्ती कर लिया तब तो ठीक है, नहीं तो मैं हँसता हुआ वहाँ से वापस आ जाऊँगा और वापस आकर अपनी पढ़ाई बहुत अच्छी तरीके से करूँगा। यही वजह है की जब मैं आया तो तुम लोगों ने मेरे आते ही मेरे से यह प्रश्न पूछा की मैं जाते समय तो निराश था फिर अचानक यह खुशी क्यों? तो

इसकी वजह यही है। ...अरे! हाँ अंकुर, बता रहा हूँ... आगे की बात भी। तुम परेशान ना हो कहानी अभी ख़त्म नहीं हुई है।

मैं धीरे-धीरे उसकी साइकिल का पीछा कर रहा था। जैसे ही मैं उसके बिल्कुल पास पहुँचा, मैंने एक गहरी सी साँस ली और उसके बगल में जाकर उससे बोला- "एक मिनट, मैं तुमसे कुछ कहना चाहता हूँ।" जैसे ही मैंने ऐसा कहा, उसने अपनी साइकिल रोक दिया। मैंने फिर से कहा- "क्या तुम मेरे से दोस्ती करोगी?"

मैं जिस समय उससे यह बोल रहा था उस समय मैं बिल्कुल सीधे देख रहा था। मैंने ऐसा इसलिए किया क्योंकि मैं थोड़ा सा डरा भी था।

मैं अभी भी सीधे देख रहा था। मैंने एक बार भी अपना सर उसकी ओर नहीं घुमाया था। साथ ही साथ मैंने उससे यह भी बोल दिया की उत्तर केवल हाँ या ना में देना।

मेरी बात खत्म होते ही उसने अपनी साइकिल का पैडल मारा और आगे बढ़ चली। मैंने फिर से, उसके पीछे से आवाज लगाया, हैलो...। उसकी तरफ से भी जवाब आया- नो...। '

अब, मेरे योजना के मुताबिक, मैंने भी अपनी साइकिल को अपने घर की ओर घुमाया और वहाँ से मन ही मन खुश होते हुए वापस चला आया। उस समय पता नहीं क्यों मुझे उसके नहीं कहने का कोई दुःख नहीं हुआ। यह सारी योजनाएँ मैंने कल रात से ही तैयार कर रखा था। यह तो कुछ नहीं था, मैं तो यह तक सोच गया था की आज अगर उसके पापा जी रहे तो भी मैं उसके सामने अपनी बात को रखूँगा ज़रूर। बस इतनी सी ही थी, यह थी अब तक की मेरी प्रेम कहानी।

अब, अगर देखा जाए तो अत्सर की इस कहानी में कुछ खास दम नहीं है। लेकिन अगर इसे अच्छे से, प्यार के नज़रिए से देखा जाए तो इस प्रेम कहानी में बहुत दम है।

दरअसल, जो उसने हम लोगों से कहा की वह अब बहुत खुश है और वह अब अपनी पढ़ाई को अच्छे ढंग से कर पाएगा तो मैं बता दूँ की उसने ऐसा गलत सोचा था। उसके कहानी खत्म करने के बाद, अंकुर ने उससे कहा भी था की भले ही तुम्हें ऐसा लग रहा है की तुम उसे भूल जाओगे और अपनी पढ़ाई को अच्छे से कर पाओगे तो तुम गलत हो। अब वह जब भी तुम्हारे सामने आएगी, तुम्हें तकलीफ होगी। कहानी सुनाते समय, अत्सर बहुत खुश लग रहा था। इस कहानी को वह इस तरह से नहीं सुना रहा था की जैसे वह उसकी खुद की प्रेम कहानी हो। बल्कि ऐसे बता रहा था जैसे किसी दूसरे की कहानी हो। मैं तो उस समय शांत रहा। अत्सर के साथ ही साथ मैं भी थोड़ा सा मुस्कुरा देता था। उसकी इस कहानी का मुझ पर कोई खास असर नहीं पड़ रहा था। मैं अभी भी पहले जैसा ही था। कोई दुःख-दर्द नहीं की आगे अत्सर का क्या होगा? लेकिन अंकुर उदास ज़रूर था। वह जानता था की अभी भले ही अत्सर ऐसा कर रहा है, लेकिन बाद में उसे इस रिजेक्शन से बहुत दिक्कत होगी। ऐसा नहीं की अत्सर बहुत खुश था।

दरअसल, वह केवल बाहर से खुश था। वह बस एक दिखावा कर रहा था की देखो मुझ पर प्यार का कोई असर नहीं है। वह सोचता था की लोग फालतू का बोलते हैं की जब कोई लड़की एक लड़के के प्रस्ताव को अस्वीकार करती है तो दिल टूट जाता है और ऐसा वह पहले कई बार बोल भी चुका था। उसे लगता था की उसके मन में स्वास्ती के लिए जो भी एहसास हैं, वह सब महज एक हवा का हल्का सा झोंका है।

"चलता रहा मैं नींद में, करता रहा तेरा दीदार मैं।

बेपरवाह हुआ पत्थर से, काँटों पर भी चलता रहा।

ऐसा भी क्या मैंने कर दिया, यह सजा मिली तेरे प्यार में।

हर दर्द को सहता रहा, रोता रहा तेरे प्यार में।

खुद को ही तन्हा किया, खुद को खुद से जुदा किया।

आग की दरिया में मैं, सोला सा ही जलता रहा।

सच कहूँ तेरी याद में, बोतल के साथ जीता रहा।

हीर है तू मेरे नींद की, रांझा हूँ मैं तेरे प्यार का।

एक दिन बहुत पछताएगी, मेरी याद तुझको आएगी।

आँखों में आँसू लिए, मेरा नाम जपती जायेगी।

चीखेगी तू चिल्लाएगी, अपना सर पटकती जाएगी।

मिलेगा ना तुझको प्यार, इस जहाँ में मेरे जैसा।

अब! किसका दिल जलाएगी?"

फ़ोन की घंटी

फ़ोन की घंटी बजी, दिल धड़कने लगा,
कौन होगा उधर, ये सोच मन भटकने लगा।

अत्सर ने तो अपनी बात ख़त्म कर दिया और हम दोनों से बोला की मैंने अपनी अब तक की जो भी कहानी थी तुम्हें बता दिया है। अब तुम लोग जल्दी से चलो और कुछ खाने के लिए बनाते हैं। उसके कहने पर हम लोग उसके साथ अपने पेट पूजा की तैयारी में लग गए। अंकुर कुछ प्याज और मैं आलू के छोटे-छोटे टुकड़े काटने में लग गया। अत्सर ने बेसन के साथ कुछ मसाले और पानी का मिश्रण तैयार किया। हम लोग पकौड़े बनाने की तैयारी कर रहे थे।

भले ही थोड़ी देर पहले, अत्सर थोड़ा खुश दिख रहा था, लेकिन अब उसका चेहरा थोड़ा-थोड़ा उदास दिखने लगा था। पकौड़े खाते समय अंकुर ने उसके उदास चेहरे पर ध्यान दिया। इसलिए, उसने पूछा- क्या हुआ अत्सर भाई? अत्सर ने कहा- कुछ नहीं... कुछ नहीं ... हुआ क्या ...? इतने में फोन की घंटी बजी...। अत्सर ने फोन उठाया... हैलो...। अब उसका चेहरा अचानक बिल्कुल उदास हो गया। अत्सर ने काफी देर तक

फोन को अपने कान से लगाए रखा। उसकी फोन पर बात लगभग दो मिनट तक चली। वह बीच-बीच में क्या... कब... कैसे... के प्रश्न करता रहता था। फिर उसने अंतिम में कहा की इतना सब कुछ हो गया और तुम आज हमें बता रही हो। इतना कहने के बाद उसने कहा की चलो ठीक है, फोन रखो हम लोग वहाँ आ रहे हैं।

उसके फोन रखते ही मैंने और अंकुर ने एक साथ पूछा- क्या हुआ? फोन पर तुम किससे बाते कर रहे थे? तो उसने कहा- कुछ नहीं... वह बस ऐसे ही...। फिर उसने कहा की यार चलो हमें रिया के मामा ने बुलाया है। अंकुर ने कहा- क्यों? तब उसने कहा अब यह तो मुझे भी नहीं पता, सारी बात हमें वहीं चलकर पता चलेंगी। हम लोगों ने उसकी बात मान ली और फिर दोबारा प्रश्न ना करके उसके साथ चल दिया। बाहर निकले तो वह प्रिया के घर की ओर जाने वाले रास्ते से ना जाकर, दूसरे रास्ते पर चलने के लिए मुड़ा। मैंने उससे कहा की भाई साहब प्रिया का घर दूसरी तरफ है। उसने कहा- अरे उन्होंने हमें दूसरी जगह बुलाया है। उन्हें हम लोगों से कुछ ज़रूरी काम है। अंकुर ने कहा चलो ठीक है। हम लोग उसके पीछे-पीछे चल दिए। रास्ते में मैंने उससे पूछा की तुम फोन पर बात करते समय घबराए हुए क्यों थे? उसने कहा- अरे कुछ नहीं... बस ऐसे ही... मैं अभी अपने उसी सदमे में था। इसलिए, जो भी बात बोल रहा था, तुम्हें लगा होगा की मैं घबराया सा था। अंकुर ने कहा- भाई साहब! हमें चलना कहाँ है? यह तो बता दो, अभी कितनी दूर जाना है, जिससे हम लोग आटो वगैरह ले सकें। अत्सर ने कहा- अरे हाँ! सही याद दिलाया, आटो तो लेना ही पड़ेगा। बस थोड़ी दूर जाना है। अंकुर ने आटो बुलाया।

लगभग पंद्रह मिनट में हमारी यात्रा खत्म हुई। ड्राइवर ने आटो रोका, मैंने नीचे उतर कर चारों तरफ देखा। सड़क के एक तरफ अस्पताल था तो दूसरी तरफ मंदिर। अब मेरे मन में दो तरह के खयाल आ रहे थे। पहले तो

यह की कहीं मेरी शादी तो नहीं होने वाली। लेकिन फिर सोचा की अगर शादी करनी होती तो हमें मंदिर में क्यों बुलाते। वह तो घर पर पूरे विधि-विधान से कराई जाती। फिर दूसरा खयाल आया की कहीं कोई ज्यादा बीमार तो नहीं पड़ गया। मेरी दूसरी कल्पना सच भी हो गई। क्योंकि आटो से उतर कर अत्सर अस्पताल की ओर चल पड़ा। तब मैंने उससे कहा- अत्सर तुमने बताया क्यों नहीं की क्या हुआ है? यह हम लोग अस्पताल क्यों आए हुए हैं? तू तो अभी बोल रहा था की हमें किसी ज़रूरी काम से बुलाया गया है। तब अत्सर ने कहा- यार चल रहे हैं, वहीं चल के साक्षात रूप से देख लेते हैं। मुझे भी कौन सा पूरी बात मालूम है। हम लोगों ने अस्पताल में प्रवेश किया।

जैसे ही हम लोग अस्पताल की सीढ़ियाँ चढ़ कर दूसरी मंजिल पर गए, वहाँ हमें प्रिया के पापा जी दिखे। अंकुर ने जाते ही प्रश्न किया- क्या हुआ अंकल? उन्होंने कहा- कुछ नहीं बेटा बस ऐसे ही... अरे वह प्रिया को थोड़ी सी समस्या है। मैं पहले ही समझ गया था, जब हम लोगों ने दूर से उन्हें देखा था। क्योंकि वहाँ पर प्रिया को छोड़कर सब लोग उपस्थित थे और उनके पास जाते ही मुझे मालूम भी हो गया। मैंने जैसे ही यह खबर सुना, मैं डर सा गया। फिर मैंने पूछा की आखिर हुआ क्या है? तब उन्होंने कहा की बेटा कुछ नहीं और तुम लोगों को इसके बारे में बता किसने दिया? तब मैंने बोल दिया की अत्सर ने कहा की आपने हमें किसी ज़रूरी काम से बुलाया है। इसलिए हम लोग यहाँ पर आ गए। तब अत्सर ने कहा- अरे नहीं! वह अर्पिता ने फोन किया था। मैंने तुम लोगों से झूठ बोला, जिससे तुम लोग परेशान ना हो। उसने कहा की अभी रहने दो, बाद में सारी बाते जान-समझ लेंगे। अभी सिर्फ उसकी हालत के बारे में ध्यान देने वाली बात है। उसकी बात सुनकर, मैं वहीं पास में लगी कुर्सी पर बैठ गया। पहले तो जब मैंने देखा, मुझे लगा की लगता है रिया को कोई समस्या है। क्योंकि वह भी वहाँ पर नहीं थी और

अत्सर फोन पर काफी परेशान होकर बात भी कर रहा था। इसलिए मेरा ध्यान सीधे रिया पर गया। लेकिन जब उन्होंने यह कहा की प्रिया को समस्या है, तब मेरे होश ही उड़ गए। प्रिया आपरेशन कक्ष में थी। इसीलिए, मैं थोड़ा सा और डरा हुआ था।

यह सब एक दिन पहले का मामला था। उस दिन फ़ोन अर्पिता ने किया था और अंकुर ने मेरे कहने पर अपनी तरफ से फ़ोन नहीं किया था। उसने हमें यही बात बताने के लिए फोन किया था। अत्सर ने कहा भी था की एक बार काल बैक कर लेना चाहिए। खैर एक तरह से देखा जाए तो मैंने सही भी किया था। अगर उस दिन अंकुर ने कॉल बैक किया होता तो सारी बात जानने के बाद हमारे लिए समस्या खड़ी हो जाती। इससे अत्सर के ऊपर भी असर ज़रूर पड़ता। हो सकता था, वह अपने दिल की बात को स्वास्ती से बोल भी नहीं पाता। चलो कम से कम उसने अपने दिल की बात को किसी लड़की के सामने रखा तो सही।

वैसे देखा जाए तो, उसके अंदर बहुत हिम्मत थी। मेरे और अंकुर में से कोई भी होता तो हमारे अन्दर इतनी हिम्मत ना होती। वह तो प्रिया ने मुझे सीधे अंतिम निर्णय पर पहुँचा दिया था। लेकिन अगर पहले मुझे कहा जाता की मैं जाकर प्रिया से कुछ बोलूँ, तो फिर मेरा और उसका मिलन जिंदगी में कभी ना हो पाता। यही हाल अंकुर का भी था।

हम लोग आपरेशन कक्ष के बाहर खड़े थे। मुझे अभी पूरी तरह से नहीं पता चला था की उसे हुआ क्या था। जिससे भी पूछता, वह यही कहता की कुछ नहीं बस ऐसे ही, थोड़ी सी समस्या थी। मैं मन ही मन सोचता रहता की जब थोड़ी सी समस्या थी तो फिर वह आपरेशन कक्ष में क्या कर रही है। लेकिन यह बात मैं किसी से बोल नहीं पा रहा था। क्योंकि वहाँ पर उपस्थित लोग पहले से ही परेशान थे। मैं उन्हें और अधिक परेशान नहीं करना चाहता था। इसलिए, मैं शांत पूर्वक बैठा रहा। लगभग एक घंटे बाद डॉक्टर बाहर आया। प्रिया के पापा ने पूछा की

अब उसकी तबीयत कैसी है? डॉक्टर ने कहा- वह सही है और उसका आपरेशन सफल रहा। यह जान कर सब के चेहरे खिल गए। मैं उन सब की शक्ल ही देखे जा रहा था। मैंने अत्सर से इशारों में पूछा- क्या हुआ? तब वह मेरे पास आया और उसने मुझे बताया की उसका रास्ते में एक्सिडेंट हो गया था। उसके पैर में चोट लगी थी। लेकिन डरने की कोई बात नहीं है, वह अब बिल्कुल ठीक है। एक पल के लिए तो मुझे उन सब पर बहुत गुस्सा आया। लेकिन, अब मैं क्या कर सकता था? मैंने अत्सर से कहा भी की मैं कब से पूछे जा रहा की क्या हुआ है? लेकिन किसी ने भी मुझे बताना अच्छा नहीं समझा। तब बगल में खड़े प्रिया के पापा ने कहा- बेटा! हम अगर तुम्हें बता भी देते तो इससे क्या फायदा होता? उलटा तुम और परेशान हो जाते। इसीलिए हम लोगों ने तुम सब को यह बात नहीं बताया। यह तो अर्पिता नालायक ने तुम लोगों को फोन कर दिया, जब की मैंने सब को मना किया था। तुम लोग अपनी पढ़ाई कर रहे थे। तुम्हें परेशान करने से हमें क्या फायदा होता। मैंने सोचा था की जब वह बिल्कुल ठीक हो जाएगी, तब बता देंगे। लेकिन, यह नालायक है ना, इसके पेट में कोई बात पचती नहीं है। अत्सर ने कहा- कोई बात नहीं, इसमें किसी की कोई गलती नहीं है। सब अपनी-अपनी जगह सही हैं। चलो जो हुआ सो हुआ, हमें इस बात की खुशी है की प्रिया खतरे से बाहर है।

मैं, प्रिया से एक बार मिलना चाहता था। लेकिन मेरे अंदर किसी से यह बात कहने की हिम्मत नहीं थी। थोड़ी देर बाद प्रिया को आपरेशन कक्ष से साधारण कक्ष में लाया गया। सब लोग उससे यह बात पूछने में लगे थे की कैसी हो? मुझे मन ही मन बहुत गुस्सा आ रहा था। अरे एक बीमार लड़की कैसी होगी। वह किसी की शादी में खुश होकर नाच थोड़ी ना रही होगी। सीधी सी बात है, वह समस्या में है। सब लोग उसके बेड के पास में खड़े थे। मैं सबसे पीछे था। मैं आगे तो जा नहीं सकता था।

वैसे भी, सबसे पहले तो फ़ैमिली ही आती है। कुछ भी हो मुझे वहाँ देख कर वह बहुत ख़ुश थी। उसके चेहरे पर थोड़ी सी ख़ुशी थी। उसने इशारों में ही समझा दिया की वह बिल्कुल ठीक है, मुझे परेशान होने की कोई ज़रूरत नहीं है। इसीलिए, मैं भी शांत पूर्वक पीछे खड़े होकर सब देख रहा था।

इसके पहले मुझे कभी किसी बात से डर नहीं लगा था, जितना उस दिन। उस दिन मुझे इस बात का एहसास हुआ था की जब आप किसी से दिल से जुड़े हों तो उसके खोने का डर क्या होता है। इस दर्द का एहसास हर किसी को एक ना एक दिन ज़रूर होता है। अगर उदाहरण के तौर पर लें तो अत्सर अभी इस मामले का ताज़ा-ताज़ा उदाहरण था। वह भले ही बाहर से खुश था, लेकिन वह अंदर ही अंदर झुलस रहा था। मुझे इस बात का एहसास तब हुआ, जब मेरे अंदर प्रिया के खोने का डर पैदा हुआ। उसे आपरेशन कक्ष में देखकर, मैं बिल्कुल डर सा गया था, अब भले ही प्रिया को गहरी चोट नहीं लगी थी। प्रिया के पैर के अंगूठे में चोट थी, ऐसा मेरे से बताया गया था। लेकिन अभी भी मुझे थोडा सा संदेह था। मैं अभी यही सोच रहा था की केवल अंगूठे में चोट की वजह से किसी को आपरेशन कक्ष में क्यों रखा जायेगा यही नहीं बाहर आने के बाद उसके सर में भी पट्टी बंधी हुई थी। मेरा सोचना बिल्कुल सही था।

थोड़ी देर बाद, मैंने अर्पिता से अकेले में पूरी बात जानने की कोशिश की। तब अर्पिता ने मेरे से बताया की उसके सर में भी हल्की सी चोट थी।

यह दिन हमारे लिए बहुत ही बुरा था। अगर देखा जाए तो हमें एक के बाद एक झटके लगे थे। भले ही अंकुर के साथ व्यक्तिगत रूप से कुछ नहीं हुआ था। लेकिन वह भी हमारे इस दुख में अपना पूरा सहयोग दे रहा था। अंकुर, अत्सर के पास खड़ा था। अत्सर का चेहरा अब धीरे-धीरे और भी उदास होता जा रहा था। उसने एक बात और कहा था की उसने स्वास्ती से अपने दिल की बात क्यों कहा था? क्योंकि वह नहीं चाहता

था की उससे पहले कोई और जाकर उससे यह बात कहे। इसलिए, उसने ऐसा कदम उठाया। लेकिन किसे पता होता है की कब उसके साथ क्या होगा? इस दुनिया में आप हर चीज की कल्पना कर सकते हैं, परिणाम को छोड़कर और यह बात हमारे फिजिक्स के टीचर ने ही कहा था। वह जब भी कोई प्रश्न हल कर रहे होते थे, उस समय अगर कोई चर राशि नहीं मालूम होती तो वह बोलते की कोई नहीं, इसकी कल्पना कर लो की यह हमें पता है। बस उत्तर की कल्पना मत कर लेना...। उनकी यह बात सही भी थी। अब अत्सर के मामले में ही देख लो, उसे क्या पता था की उसे स्वास्ती की तरफ से क्या जवाब मिलेगा। लेकिन फिजिक्स टीचर ने यह बात केवल पढ़ाई के मामले में कहा था। खैर जो हुआ सो हुआ, अगर यह बात वहीं पर खत्म हो गई होती तो कोई बात नहीं थी। लेकिन ऐसा कैसे हो सकता था। शादियों से चली आ रही एक कहावत है की सब नियति का रचा हुआ खेल है, इस दुनिया में जो कुछ भी होता है, उसका परिणाम तो सबको एक ना एक दिन भुगतना ही पड़ता है। अब वह चाहे किसी के हित में हो या फिर अहित में।

प्रिया एक हफ्ते तक अस्पताल में रही। उसके बाद, उसकी तबियत ठीक होने पर, उसे अस्पताल से घर लाया गया। हम लोग अब शाम को हर रोज उसके घर उसकी हालत जानने के लिए पहुँच जाते थे। हमारे जाते ही उसका चेहरा ख़ुशी से खिल उठता था। एक दिन, उसने अपने मम्मी-पापा की ना मौजूदगी में एक बात कहा की 'तर्पण का तो ठीक है, वह तो मेरा जबरजस्ती का प्री-हस्बैंड तो है ही, लेकिन तुम दोनों (अत्सर और अंकुर) मेरे एक अच्छे दोस्त हो, तुम तीनों को साथ देखकर मुझे बहुत खुशी होती है।' तुम सब के आ जाने से मेरा दर्द और कम हो जाता है। अगर केवल तर्पण आता तो मेरा दर्द ज़रूर कम होता, लेकिन तुम दोनों के आ जाने से मेरा दर्द और भी कम हो जाता है।

प्रिया ने जबरजस्ती का प्री-हस्बैंड इसलिए कहा क्योंकि हमारे बीच ज़्यादा कुछ ना होते हुए भी हमें गली में बदनाम कर दिया गया था। हालाँकि, प्रिया सच में मुझसे शादी करना चाहती थी। उसने ऐसा एक बार अर्पिता से कहा भी था। और अर्पिता ने उसकी यह बात हम सब से बता दिया था।

अरे! हाँ, मैं प्री-हस्बैंड के बारे में थोड़ा सा बता दूँ। दरअसल, यह अत्सर के द्वारा उत्पन्न किया हुआ शब्द है। इसका मतलब होता है, शादी से पहले का हस्बैंड...। अगर बात करें हिन्दू धर्म की तो... प्री-हस्बैंड और हस्बैंड में केवल रत्ती भर सिंदूर का फर्क है। इसी तरह से यह बात "वाइफ़" पर भी लागू होती है।

प्रिया से मिलकर वापस आते समय, प्रिया मेरे से मेरी पढ़ाई के बारे में ज़रूर पूछती थी। एक दिन, अर्पिता ने हम लोगों से बताया की प्रिया रोज तुम लोगों के लिए, तुम्हारी सफलता के लिए, भगवान से प्रार्थना करती है। रिया के बारे में हमें पता था की वह रोज मंदिर जाती थी। लेकिन प्रिया के बारे में नहीं सोचा था की वह भी कभी पूजा-पाठ कर सकती थी। भले ही वह मंदिर नहीं जा सकती थी लेकिन वह घर पर ही थोड़ी बहुत पूजा-आराधना कर लेती थी।

प्यार और परीक्षा

प्यार में दिल की सुननी है बातें हज़ार,
परीक्षा में दिमाग़ से करना है विचार।

धीरे-धीरे समय बीतता गया। अब हमारी परीक्षा होने में ज्यादा समय नहीं रह गया था। एक हफ्ते बाद हम लोगों की परीक्षा थी। अब प्रिया भी हद तक ठीक हो गई थी। इसलिए उसने मेरे से कहा की हम लोग पूरे मन से अपनी तैयारी करें। रिया और उसके मामा-मामी ने भी यही कहा। इसलिए, अब हम लोगों ने उसके घर जाना बंद कर दिया और पूरे मन से अपनी पढ़ाई करने में लग गए। इसी बीच, परीक्षा से दो दिन पहले, कोचिंग में प्रैक्टिस के लिए टेस्ट रखा गया था। इसलिए, अब हमारे पास कुल मिलाकर तीन से चार दिन का ही समय था, अपने-आपको परीक्षा के लिए अच्छी तरीके से तैयार करने के लिए। इसलिए, अब हम लोगों ने अपना घूमना-फिरना पूरी तरह से बंद कर दिया। तीन दिन बाद, जब हम लोग टेस्ट देने के लिए पहुंचे तो वहाँ पर स्वास्ती भी आई हुई थी। हम लोग टेस्ट देने के लिए क्लास में बैठ गए। स्वास्ती आगे बैठी थी। अत्सर

ने जैसे ही उसे देखा, वह थोड़ा सा परेशान सा हो गया। कोचिंग के कार्यकर्ता प्रश्न पत्र वगैरह लेकर आ गए।

टेस्ट शुरू हुआ, अत्सर प्रश्न हल करने के लिए अपनी पेन उठाता लेकिन फिर रख देता। यह होम टेस्ट था, इसलिए यहाँ पर कोई शीटिंग प्लान नहीं लगाया गया था। यही वजह थी की हम तीनों एक साथ बैठे हुए थे। मैंने उसे बैठे देखा तो उससे पूछा की क्या हुआ, अत्सर? उसने कहा- कुछ नहीं। उसने अपनी पेन लेकर, बे-मन से प्रश्न हल करना शुरु कर दिया। दो घंटे बाद हमारा टेस्ट ख़त्म हुआ। सब क्लास से बाहर निकले, हम लोग अपनी-अपनी साइकिल लेने के लिए चले गए। स्वास्ती पहले से ही जा चुकी थी। वह अभी अपने घर नहीं गई थी। वह दूसरी कोचिंग के पास जाकर खड़ी थी। उसके साथ उसकी दोस्त और कुछ दूसरी लड़कियाँ भी थी। हम लोग साइकिल लेकर जा रहे थे। तभी हमारे कान में आवाज आई... यार जानती हो, उस लड़के के 'चश्मे के फ्रेम' में 'ऐरो' है और स्वास्ती के चश्मे के फ्रेम में 'सर्किल' है। इतना सुनकर, उसकी एक दूसरी फ्रेंड ने उत्तेजित होते हुए कहा- "वाह! स्वास्ती, उसके पास ऐरो और तुम्हारे पास सर्किल है"। इत्तिफ़ाक से तुम लड़की हो और वह लड़का है। तब स्वास्ती ने कहा- "यार! यह कभी मेरी तरफ देखता ही नहीं है"।

अरे! यह सब बात हमें नहीं, बल्कि अत्सर को सुनाई दे रही थी। वह सबसे अंतिम में था। वैसे भी मुझे और अंकुर को यह बात सुनाई भी कैसे देती? हम दोनों तो टेस्ट में आए प्रश्नों के बारे में ही बाते कर रहे थे। यह बात अत्सर ने हम दोनों से घर आकर बताया। तब अंकुर ने कहा- हाँ, मेरे कान में भी थोड़ी सी आवाज आई थी। लेकिन मुझे लगा, वह लोग किसी और के बारे में बात कर रहे थे। अंकुर ने अपनी बात को आगे बढ़ाते हुए कहा- क्या यार! उसी समय बताना चाहिए था। चलो कोई नहीं, तब तो तुमने मुड़कर उसकी तरफ ज़रूर देखा होगा। अत्सर ने कहा- नहीं...।

तब मैंने कहा- क्या यार! कब सुधरोगे तुम...? अंकुर ने कहा- तुम सही कह रहे हो, यह भाई साहब कभी सुधरने वाले नहीं हैं। खैर अब छोड़ो, अब क्या करना? अब तो देर हो गई है। चलो कोई नहीं देखो या ना देखो, यह तुम्हारी मर्जी है। पहले तुम मुझे यह बताओ- तुम्हारा टेस्ट कैसा गया? अत्सर ने कहा- अच्छा ही था...। अंकुर ने कहा- ग़नीमत है, तुमने कुछ तो सही किया। तब मैंने कहा- अरे यह तो अच्छा था की मैं इन भाई साहब के बगल में बैठा था। मैंने इन भाई साहब की हरकतों को देख लिया था, नहीं तो भाई साहब टेस्ट भी ख़राब करके आ जाते। यह सज्जन क्लास में बैठकर उसे देखते हैं, लेकिन जब वह सामने आती है, तब इन्हें पता नहीं क्या हो जाता है? अत्सर ने कहा- “अरे ठीक है...। देखने से क्या होता है? ...(गहरी साँस लेते हुए) उसने तो नहीं बोल दिया ना...। अब इन सब बातों का क्या मतलब है।” अंकुर ने कहा- “मतलब क्यों नहीं है? वह तुम्हारी है...। उसने भले ही ना बोला है। एक दिन, वह ज़रूर तुम्हारे पास वापस आएगी।” अत्सर ने कहा- ‘यह सब सिर्फ कहने वाली बाते हैं। यह बाते सिर्फ फिल्मों में सच होती हैं, वास्तविक जीवन में नहीं... वास्तविक जीवन में इन सब बातों का कोई मतलब नहीं है।’

खैर कोई नहीं, जो भी हुआ सब अच्छे के लिए हुआ है। उसने कहा- यह मेरे लिए एक बुरे सपने की तरह ही था। मेरी भलाई इसी में है की मैं उसे भुला दूँ और मैं पूरी कोशिश करूँगा, उसे भूलने की...। इतना बोलकर उसने कहा- चलो अब हमारे पास केवल दो दिन का समय है। जल्दी से हमारे जो भी प्रश्न हैं, उन्हें मिलकर हल करते हैं। अंकुर ने कहा- हाँ, सही है। चलो ठीक है, हम लोग अपने-अपने परीक्षा की तैयारी में अपने तीनों विषयों को एक बार फिर से देखना शुरू करते हैं। अत्सर पूरी तरह से अपने-आपको एकाग्र तो नहीं कर पा रहा था, हाँ इतना था की वह अपनी तरफ से पूरी कोशिश कर रहा था।

दो दिन बीत गए। अब हमारे परीक्षा का समय आ गया था। हमारे सेंटर अलग-अलग जगहों पर थे। अत्सर को 'देव राज इंस्टीट्यूट ऑफ टेक्नोलॉजी, दुर्शन' इंजीनियरिंग कालेज में परीक्षा देने के लिए जाना था। हम दोनों को भी इसी तरह से अलग-अलग सेंटर पर परीक्षा देने के लिए जाना था। हम लोग एक घंटे पहले घर से अपने-अपने परीक्षा केंद्र के लिए निकल लिए। हम लोग तो अपने-अपने परीक्षा केंद्र पर पहुँच गए थे। मेरे और अंकुर के लिए तो सब कुछ सही था। लेकिन अत्सर की कहानी में एक बार फिर से एक हल्का सा मोड़ आया। इत्तिफ़ाक़ से स्वास्ती का परीक्षा केंद्र भी उसी कालेज में था। दोनों को परीक्षा देने के लिए एक ही केंद्र निर्धारित किया गया था। अत्सर तो वैसे भी उसी की यादों में खोया रहता था। लेकिन वह कहते हैं ना की 'अगर क़िस्मत खराब हो तो ऊंट पर बैठे बौने इंसान के पैर में भी कुत्ता काट लेता है।' अब आप यह सोच रहे होंगे की मैं यहाँ यह कहावत क्यों बोल रहा हूँ? जबकि यहाँ पर तो अत्सर के लिए फायदा ही था। ...नहीं, कोई फायदा नहीं था। इस कहानी में कुछ अलग ही हुआ। यह कहावत भी यहाँ पर बिल्कुल सही है। आगे आपको खुद ही पता चल जायेगा।

एक तो बड़ी मुश्किल से अत्सर ने स्वास्ती को कुछ समय के लिए भुलाया था। लेकिन ईश्वर को भी यह मंजूर नहीं था। वह कालेज के बाहर खड़ा था। बाकी के छात्रों की तरह, वह भी अंदर जाने के लिए कालेज का गेट खुलने का इंतजार कर रहा था। क्योंकि परीक्षा से पहले एडमिट कार्ड चेक किया जाना था, उसके बाद ही कालेज के अंदर जाने की अनुमति थी। वह बाहर गेट खुलने का इंतज़ार कर ही रहा था की तभी स्वास्ती अपने पापा के साथ बाइक पर आ गई। अब उसकी परेशानी और बढ़ गई। अब तो उसका पेपर ख़राब होना ही था और ऐसा ही हुआ। वह प्रश्न हल कर रहा था, तब उसे कुछ समझ में नहीं आ रहा था।

कोचिंग के टेस्ट में तो मैं था, उस समय मैंने उसे वहाँ पर टोक दिया था। लेकिन वहाँ पर तो कोई नहीं था।

परीक्षा के बाद, वह बाहर निकला तो स्वास्ती वहाँ अपने पापा के साथ खड़ी थी। वह सड़क के दूसरी तरफ थी। उसने अपने हाथ में पानी की बोतल ले रखा था। अत्सर के पीछे स्वास्ती की एक फ्रेंड थी। स्वास्ती ने अपनी दोस्त को बुलाने के लिए अपना हाथ ऊपर करके आवाज लगाई। अत्सर समझ गया था की वह किसी और को बुला रही है। क्योंकि जैसे ही उसकी निगाह अत्सर पर पड़ी, उसने अपना हाथ जल्दी से नीचे कर लिया। फिर भी अत्सर उसकी तरफ बढ़ा, जैसे ही उसने उसकी ओर बढ़ना शुरू किया, स्वास्ती थोड़ा डर सी गई। शायद उसने सोचा कहीं अत्सर उसके पापा के सामने ही, उससे कुछ बोल ना दे...। लेकिन ऐसा नहीं था। वह सिर्फ देखना चाहता था की उसकी क्या प्रतिक्रिया होती है। जब उसके स्वास्ती की ओर बढ़ने पर, उसने उसे डरते हुए देखा तो अत्सर सड़क पार करके स्वास्ती के बगल में स्थित दुकान की ओर मुड़ गया। अब जब स्वास्ती ने देखा की अत्सर दुकान की तरफ जा रहा है, तब उसने गहरी सी साँस ली और अपने हाथ में लिए बोतल से जल्दी-जल्दी पानी-पीना शुरू कर दिया। अत्सर ने दुकान पर जाकर दुकानदार से एक पेप्सी की बोतल माँगी। लेकिन दुकानदार के पास पेप्सी क्या, किसी तरह की कोई सॉफ्ट ड्रिंक नहीं थी। यह बात अत्सर को पहले से पता थी। वह वहाँ से वापस चला आया।

अगर उस समय स्वास्ती डरी ना होती तो अत्सर उसके पास ज़रूर जाता। लेकिन उसने ऐसा कुछ नहीं किया और वह वहाँ से वापस घर चला आया। उसी दिन दूसरी पाली में एक परीक्षा और थी। यह परीक्षा भी उसी जगह पर थी। लेकिन अत्सर ने यह परीक्षा छोड़ दिया। स्वास्ती अभी भी वहीं पर थी। यह सब बाते अत्सर ने हम दोनों से घर आकर बताया। अत्सर बहुत दुखी था, क्योंकि उसका एग्जाम सही नहीं गया

था। यही नहीं अब वह उसे बिल्कुल नहीं भूल पाया। उसके दो पेपर और बाकी थे। वह सब भी ख़राब चले गए।

एक महीने बाद परीक्षा का परिणाम आया। हम दोनों की रैंक तो कुछ हद तक ठीक थी। हमें अच्छे कालेज मिल जाते। लेकिन अत्सर की रैंक बहुत ख़राब थी। जहाँ स्वास्ती की रैंक 200 के आस-पास थी, वहीं अत्सर की रैंक स्वास्ती के रैंक के 150 गुने से भी ज्यादा थी। दूसरे दिन एक न्यूज़ पेपर में स्वास्ती का इंटरव्यू आया। उसने न्यूज़ में अपना इंटरव्यू दे रखा था। अत्सर यह जानकर खुश था। उसने कहा चलो कोई नहीं, कम से कम उसका एग्जाम तो अच्छा गया। तब अंकुर ने कहा- उसका एग्जाम तो अच्छा जाना ही था। वह ना तो हीर है, ना तो जूलिएट और ना ही लैला, एक तुम्हीं हो जो रांझा/रोमियो/मजनू बने फिर रहे हो।

अंकुर की रैंक 398 और मेरी रैंक 495 थी। हमें अच्छा कालेज मिल जाता। लेकिन हम लोग अभी एडमिशन नहीं लेना चाहते थे। हम लोग और बेहतर कालेज में एडमिशन लेना चाहते थे, लेकिन हमें अभी एक भी अच्छे कालेज में एडमिशन नहीं मिल रहा था। क्योंकि उसके लिए हमारी रैंक अच्छी नहीं थी। इसलिए हम लोगों ने फिर से एक साल के लिए अपनी एंट्रेंस एग्जाम की पढ़ाई करने का मन बनाया। हम लोग चाहते थे की हमें और अच्छे कालेज में एडमिशन मिले।

इस बार हम लोगों ने अपनी पढ़ाई के लिए कोटा जाने का मन बनाया। मैं और अंकुर तो कोटा जाने के लिए तैयार हो गए। लेकिन अत्सर अभी भी वहीं पर था। क्योंकि उसके पापा जी ने उसे कोटा नहीं जाने दिया। उन्होंने कहा की यहीं पर रहकर तैयारी करो। हम लोग एक साल के लिए कोटा चले गए। अत्सर अब दुर्शन में अकेला था। उसने इस बार दुर्शन में ही, 'सिर्विल ट्रेड' इलाक़े में स्थित 'बीटा क्लासेज' में एडमिशन ले रखा था। उसका अब पढ़ने में मन नहीं लग रहा था। लेकिन फिर भी वह अपनी पूरी कोशिश में लगा रहता था। वैसे भी अब वह दुर्शन

में अकेला था। सबसे बड़ी बात तो यह थी की उसे अब घर से भी जली-कटी सुननी पड़ती थी। इसलिए, उसका मन पढ़ाई में अब बिल्कुल नहीं लग रहा था। कभी-कभी तो वह हताश भी हो जाता था। इस बार उसने घर भी बदल दिया था, जिसके बारे में प्रिया, रिया और अर्पिता किसी को कुछ नहीं पता था। यहाँ तक की प्रिया के मम्मी-पापा को भी नहीं पता था की वह रहता कहाँ था। इस बार, वह 'सिविल ट्रेड' में ही एक पी.जी. में रह रहा था। उसके इस अनजान ठिकाने के बारे में सिर्फ उसके भैया को पता था। अत्सर ने अपने भैया को उसके नए ठिकाने के बारे में किसी से भी बताने से रोका था। इसीलिए, अत्सर के पापा ने भी जानने की कोशिश नहीं की कि वह रहता कहाँ था।

एक साल बाद, हमने फिर से वही एग्जाम दिए। इस बार, हम दोनों को हमारी पसंद के कालेज मिल गए। लेकिन अत्सर की रैंक इस बार भी वैसी ही रही। इस बार उसकी रैंक पहले से थोड़ी सी अच्छी थी। इस बार उसे एक अच्छा प्राइवेट कालेज मिल जाता। लेकिन उसके पापा ऐसा नहीं चाहते थे। वह उसे प्राइवेट कालेज में एडमिशन लेने से मना कर रहे थे। मैंने मुंबा टेक्निकल यूनिवर्सिटी में एडमिशन लिया। अंकुर को भी दुर्शन में ही एक अच्छा कालेज एल.एस.एस.आई.टी. मिल गया था। अब अत्सर के पास कोई रास्ता नहीं था। इसलिए उसने मुंबा यूनिवर्सिटी में बी.एससी. के लिए फार्म भर दिया। उसने ऐसा इसलिए किया, क्योंकि उसे पता चल गया था की अब एंट्रेंस एग्जाम पास करना उसके बस में नहीं था। अब वह आगे एंट्रेंस एग्जाम के लिए तैयारी भी नहीं करना चाहता था। मुंबा विश्वविद्यालय के पी.जी.टी.ए.वी. कालेज में उसको बारहवीं के परीक्षा परिणाम के आधार पर दाखिला मिल गया।

WKRISHIND
Nature's Creation

WKRISHIND
Nature's Creation

wkrishind.in
Instagram @wkrishind
9999568276
Email: contact@wkrishind.in

www.ingramcontent.com/pod-product-compliance
Lightning Source LLC
La Vergne TN
LVHW051539170726
843492LV00006B/1850